AF237507

Elisabeth Weber

Montags kommt keine Post

Leben zwischen A wie Angst und
Z wie Zuversicht

Elisabeth Weber

Montags kommt keine Post

Leben zwischen A wie Angst und
Z wie Zuversicht

Impressum

Bibliografische Information der Deutschen
Nationalbibliothek:
Die Deutsche Nationalbibliothek verzeichnet diese
Publikation in der Deutschen Nationalbibliografie;
detaillierte bibliografische Daten sind im Internet über
http://dnb.de abrufbar.

Montags kommt keine Post
Copyright: © 2021 Elisabeth Weber
Preis 8,99 Euro

Lektorat: Marian Weber
Umschlaggestaltung: Matthias Weber

Herstellung und Verlag: BoD – Books on Demand,
Norderstedt

ISBN: 978-3-7534-7970-5

Wünsche für meine Kinder und Enkel

Ich wünsche dir Füße,

die dich auf den Weg bringen

zu dem was wichtig ist…

Ich wünsche dir ein Rückgrat,

mit dem du aufrecht

und aufrichtig leben kannst…

Ich wünsche dir ein Herz,

in dem viele Menschen zu Hause sind

und das nicht müde wird,

Liebe zu üben und Schuld zu verzeihen.

Nach einem jüdischen Segen

Vorwort

Im Februar 2018 habe ich einen Termin bei meiner Frauenärztin zur jährlichen Vorsorgeuntersuchung. Selbstverständlich untersucht die Ärztin dabei auch meine Brust. Sie tastet sie gründlich ab und kommt zu dem Schluss: „Alles in Ordnung, Frau Weber. Außerdem steht doch in diesem Jahr noch das Mammographie-Screening an, wie ich aus Ihren Unterlagen ersehe."

„Ja, schon", antworte ich etwas zögerlich, „soll ich denn da noch mal hingehen? Ich bin doch schon 67 Jahre alt und mit 69 ist doch eh Schluss mit diesem Screening. Außerdem hört man so viel von Überdiagnosen…"

Die Ärztin schüttelt energisch den Kopf. „Frau Weber, lassen Sie sich durch solche Aussagen doch nicht verunsichern. Selbstverständlich gehen Sie zur Brustkrebsvorsorge. Ich habe volles Vertrauen zu den dort arbeitenden Kollegen und Sie können es auch haben."

Dieses Gespräch gibt den letzten Ausschlag, dass ich am 23. Juli 2018 der Einladung zur Mammographie folge…

Am 17. Juli, also erst ein paar Tage vorher, hat mir meine Hausärztin, die mich schon seit vielen Jahren kennt, nach einer routinemäßigen Blutuntersuchung versichert: „Du bist beneidenswert gesund. Und im Übrigen: Was kommt, das kommt!"

Deutschland im Juli 2018

Sonnenschein tagein tagaus.
Blauer Himmel als Dauerschleife.
Sommerseligkeit im Überfluss.
Längst der Rasen verbrannt,
die Erde staubtrocken,
Dürre zehrt das Land.
Ich sehne mich nach Regen,
warte auf erfrischendes Nass.
Doch die Regentrude macht Urlaub.
Sie hat die Jalousien heruntergelassen,
ist für niemanden zu sprechen.
Arbeiten will sie erst wieder,
wenn die Hitze vorbei ist.

August

Montags kommt keine Post

Wie oft ich diesen Satz schon gehört habe! Mindestens 52-mal im Jahr, denn an jedem Montag passiert haargenau dasselbe: Ich schaue erwartungsvoll wie jeden Tag in unseren Hausbriefkasten, ob nicht auch an einem Montag Post für mich gekommen ist, aber genau diese Erwartung versucht mein Mann schon im Keim zu ersticken mit dem immer gleichen Satz: „Montags kommt keine Post!"

Heute brauche ich mir gar nicht erst die Mühe zu machen, den Briefkasten aufzuschließen. Ich höre das Postauto vorfahren und mein Blick aus dem Küchenfenster bestätigt mir, dass es auch genau vor unserer Haustür hält. Unsere Postfrau steigt aus und gibt meinem Mann, der draußen im Vorgarten werkelt, einen Brief. Ich höre die beiden schwatzen, verstehe aber nicht, worum es geht. Erst als sich das gelbe Auto schon wieder in Bewegung setzt, höre ich meinen Mann rufen: „Normalerweise kommt ja montags keine Post!" Dann tritt er ins Haus und übergibt mir wortlos einen Brief.

Mein Herz schlägt wie wild, denn ich kenne den Absender. Seit 14 Tagen warte ich mit bangem Gefühl genau auf diesen einen Brief, auf diese

Nachricht. Bei allen vorherigen Mammographie-Untersuchungen kam schon nach ein paar Tagen der Brief mit der erlösenden Nachricht: Alles in Ordnung. Aber diesmal lässt mich schon die längere Wartezeit Schlimmes ahnen.

Mit einem Ratsch öffne ich das Kuvert, ein letzter Funke Hoffnung glimmt in mir auf, dass es doch eine gute Nachricht sei, aber dann trifft mich der Inhalt des Briefes wie ein Schlag in die Magengrube.

„Bei Ihrer Mammographie- Untersuchung vor zwei Wochen gab es einen auffälligen Befund. Kommen Sie bitte am Mittwoch zur Abklärung in die Praxis."

Am Mittwoch? Das ist ja erst übermorgen, also liegen noch zwei weitere Tage voller Ungewissheit, voller Angst, aber auch voller Hoffnung vor mir. Was wird die endgültige Diagnose sein? Ich weiß nur eins hundertprozentig: Montags kommt doch Post!

Stanze

Wie soll ich diese zwei Tage nur überstehen? In meinem Kopf herrscht Leere. Die gnadenlose Hitze in diesem „Jahrhundertsommer" 2018 tut ihr übriges. Sprechen möchte ich mit niemanden, ich muss mit meinem eigenen Entsetzen fertig werden.

„Sag deinen Wassergymnastiktermin in der Therme ab, lass uns lieber zum Kiesteich fahren," schlage ich meinem Mann vor. „Meinst du wirklich?" fragt er etwas ungläubig, um aber gleich darauf festzustellen: „Ja, du hast recht, lass uns diesen Tag noch mal zusammen draußen am Wasser verbringen." Er umarmt mich vorsichtig und ich sage nur etwas lakonisch: „Noch bin ich ganz." Und so vergeht ein fast lautloser Tag unter den großen Bäumen am Kiesteich. Uns ist nicht nach reden zumute, wir hängen jeder unseren Gedanken nach und geben uns Hoffnungen hin. Auch der nächste Tag geht irgendwie vorbei, wir gehen sehr sanft miteinander um, die Angst steht uns ins Gesicht geschrieben.

Am Mittwoch soll ich um 11 Uhr in der Mammographie-Praxis sein. Dort herrscht Hochbetrieb und die Schwester bittet uns, doch draußen auf der Bank vor der Praxis zu warten. „Ich bringe Ihnen auch etwas zu trinken und rufe

Sie dann rechtzeitig rein," versucht sie uns das Warten etwas angenehmer zu machen. Zum Glück steht die Bank im Schatten, denn die Hitze ist an diesem Tag schon wieder unerträglich.

Endlich werde ich aufgerufen und betrete das ausgesprochen kühle Behandlungszimmer. Die etwa füllige Schwester, die ich schon von der ersten Untersuchung her kenne, begrüßt mich freundlich. Sie erklärt mir, dass sie jetzt noch einmal eine Mammographie-Untersuchung machen werde, aber nur von der linken Brust, denn da sei etwas auffällig. Die Linke ist es also, aber das erstaunt mich nicht, das hatte ich irgendwie geahnt, obwohl nichts zu tasten war.

„Nun wird Dr. B. alles Weitere mit Ihnen besprechen." Mit nacktem Oberkörper betrete ich den abgedunkelten Raum. Der Arzt begrüßt mich kurz und beginnt mit dem Abtasten der Brust. Ich bin erstaunt, wie behutsam er dabei vorgeht. „Also tasten kann ich nichts. Haben Sie selber etwas gespürt?", fragt er mich. „Nein, ich habe nichts gemerkt", antworte ich tonlos.

„Gut, dann machen wir erst mal einen Ultraschall." Routiniert beginnt er mit der Untersuchung, die Schwester assistiert ihm. Die beiden sind ein eingespieltes Team. „Schauen Sie mal, hier auf der Zwölf, da ist was." Ich beginne trotz der Kühle im

Raum zu schwitzen. Arzt und Schwester tauschen sich weiter über die Beschaffenheit meiner Brust aus. Endlich sind sie fertig und ich darf mich aufrichten. „Frau Weber, in Ihrer linken Brust ist etwas, was dort nicht hingehört, man kann es im Ultraschall gut erkennen. Um eine genauere Diagnose zu stellen, müsste ich eine Biopsie machen. Das heißt, ich entnehme mit einer sogenannten Stanze mehrere Gewebeproben, die dann im Labor entsprechend weiter untersucht werden. Erst danach wissen wir mehr. Ich schlage Ihnen vor, dass wir das jetzt sofort machen. Sind Sie damit einverstanden?" Die Stimme des Arztes scheint aus weiter Ferne zu kommen, obwohl er doch genau neben mir steht. Träume ich nur oder ist das die Wirklichkeit? In meinem Kopf macht sich Leere breit. Ich hole mehrmals tief Luft und schaue den Arzt scheinbar völlig verständnislos an, denn er fragt sehr nachdrücklich: „Frau Weber, haben Sie mich verstanden?" Und dann an die Schwester gerichtet: „Bitte bringen sie doch mal Wasser für unsere Patientin, nicht dass sie uns noch kollabiert." Nein, das tue ich nicht. Wenig später unterschreibe ich den Aufklärungsbogen und bin auch damit einverstanden, dass man mir einen sogenannten Clip setzt. „Da findet der Operateur die betroffene

Stelle in ihrer Brust schneller," fügt der Arzt erklärend hinzu. Operateur?? Steht etwa schon fest, dass ich operiert werde?

Die Biopsie verläuft wider Erwarten schmerzfrei, selbst die Betäubungsspritze spüre ich kaum. Auf das laute Knallgeräusch, das die Stanze verursacht, hat mich die Schwester fürsorglich vorbereitet, so dass mich selbst das nicht sonderlich erschreckt. Der Arzt nimmt vier Proben aus dem Gewebe der linken Brust und ist mit deren Qualität anscheinend zufrieden. „Lassen Sie sich einen Termin für nächsten Mittwoch geben, dann werden wir den Befund besprechen." Ich bin entlassen. Die Schwester lächelt mir aufmunternd zu, aber sie verkneift sich jeglichen gut gemeinten Spruch.

Als ich nach einer gefühlten Ewigkeit wieder ins Wartezimmer komme, springt mein Mann auf und sein Gesichtsausdruck sagt mir, er hat nicht nur eine Ewigkeit gewartet. Ohne auf seinen fragenden Blick einzugehen, renne ich förmlich aus der Praxis. Auf dem Weg zum Parkplatz erzähle ich, was mit mir gemacht wurde. H. bleibt wie angewurzelt stehen und fängt hemmungslos an zu weinen. Hilflos drücke ich mich an ihn. „Bitte nicht hier, wir sind doch gleich am Auto", versuche ich Haltung zu bewahren, obwohl mir das Herz bleischwer ist und auch ich losheulen möchte. Mit einer Floskel versuche ich mich und meinen Mann zu beruhigen: „Noch ist nichts verloren, es muss ja nicht bösartig sein." Bis zum nächsten Mittwoch läuft die Gnadenfrist.

Diagnose

Eis auf meiner Seele,
Schauder auf meiner Haut.
Gedanken wie rotierende Steine,
sengende Hitze so laut.

Diagnose

Wieder ist es ein Mittwoch und wir sind auf dem Weg in die Mammographie-Praxis. Wieder ist es ein strahlend schöner Sommertag im August.

Diesmal warten nur wenige Patientinnen im Wartezimmer, so dass wir relativ schnell aufgerufen werden. Das heißt, aufgerufen werde eigentlich nur ich, aber ich habe mit meinem Mann abgesprochen, dass er auf jeden Fall bei diesem Arztgespräch von Anfang an mit dabei sein wird. So nehmen wir beide vor dem Schreibtisch des Arztes Platz.

Doktor B. kommt ohne Umschweife zur Sache: „Also Frau Weber, in Ihrer linken Brust befindet sich ein deutlich abgegrenztes etwa 17 Millimeter großes bösartiges Karzinom. Es sitzt ziemlich tief, so dass es nicht zu tasten ist. Es muss operativ entfernt und anschließend noch bestrahlt werden. Dann haben Sie sehr gute Heilungschancen. Zu 95 % werden Sie daran bestimmt nicht sterben." Kurz und schmerzlos trifft der Arzt seine Aussagen. „Ich kann das gar nicht glauben, ist die Diagnose wirklich sicher?", frage ich leise nach. „Dass Sie das nicht glauben wollen, verstehe ich gut, weil Sie ja nichts spüren. Der Befund der Gewebsprobe ist jedoch eindeutig, es gibt keine Zweifel: Es ist ein bösartiger Tumor." Ungläubig schaue ich auf Doktor B. und dann auf meinen Mann und sehe in seinem Gesicht nur eins: Fassungslosigkeit. In die folgende Stille hinein höre ich mich fragen: „Und wie geht es nun weiter?"

Sofort ist Doktor B. wieder in seinem Element: „Wir machen Ihnen jetzt gleich einen Termin bei Ihrer Frauenärztin. Die wird das weitere Vorgehen mit Ihnen besprechen und Sie in ein Brustzentrum überweisen, in dem Sie dann operiert werden. Die Bestrahlung kann später vor Ort in Mühlhausen erfolgen Haben Sie noch Fragen?" Ich schaue wieder meinen Mann an, aber er bleibt stumm.

„Ja, eigentlich wollten wir Anfang September in Albena am Schwarzen Meer Urlaub machen…" „Dagegen ist nichts einzuwenden, Sie könnten fahren, der Tumor wächst langsam und ein etwas späterer OP-Termin wäre durchaus möglich." Der Arzt flüchtet sich in den Konjunktiv. „Was halten Sie davon? Sollten wir die Reise machen?", frage ich weiter. „Das halten Sie nervlich nicht aus," ist die knappe Antwort von Doktor B. Er hat recht und ich weiß das längst: In diesem Jahr wird es für uns keinen September am Schwarzen Meer geben.

Kneippen in Bad Wörishofen

In der Nacht nach der Diagnosestellung finde ich nur wenig Schlaf. Sowohl ich als auch mein Mann wachen sehr früh auf, schon gegen vier Uhr in der Früh sind wir munter. Wir beschließen, sofort aufzustehen und unsere bereits länger geplante Kurzreise nach Bad Wörishofen im Allgäu anzutreten. Ich hatte zwar zwischenzeitlich erwogen, auch diese Reise abzusagen, aber H. war strikt dagegen: „Nein, wir werden nach Wörishofen fahren. Du brauchst dringend Ablenkung, andere Eindrücke und überhaupt: Du hast dir doch schon so lange gewünscht, einmal auf Sebastian Kneipps Spuren zu wandeln. Also fahren wir auch. Wenn du hier zu Hause herumsitzt und grübelst, wird es auch nicht besser."

Weil wir so früh gestartet sind, erreichen wir schon gegen halb elf die kleine Pension, in Bad Wörishofen, in der wir für drei Tage ein Zimmer gebucht haben. Unser Quartier befindet sich in einer ehemaligen Mühle und ist idyllisch gelegen. Ringsum erstreckt sich ein großer Garten mit vielen alten Obstbäumen, von denen man ausdrücklich erlaubt, Pflaumen und Äpfel naschen darf. Liegestühle stehen bereit und wir finden endlich Muße, etwas abzuschalten und uns auszuruhen.

Nur wenige Gehminuten entfernt sind wir schon inmitten des kleinen Kurstädtchens Wörishofen. Wir besuchen Pfarrer Kneipp, der im Ortszentrum als Denkmal zu bewundern ist. Umso schöner ist aber, dass sich überall im Ort Wassertretbecken beziehungsweise Becken für Armbäder befinden, die wir entsprechend der Kneippschen Lehre immer abwechselnd nutzen und die uns herrlich erfrischen. Auch für Kultur ist gesorgt. Gleich am ersten Abend findet in der nahegelegenen Kirche ein Klarinettenkonzert statt. Mein Mann liebt die Klarinettenmusik ganz besonders und er wird nicht enttäuscht. Nach dem Konzert sind alle Gäste noch zu einem kleinen Umtrunk eingeladen. Bei Sekt und Häppchen und im schönsten Mondschein klingt dieser zauberhafte Abend aus. Und wider Erwarten kann ich dann auch gut schlafen.

Am nächsten Tag machen wir einen ausgedehnten Spaziergang durch den Kurpark. Es ist wie immer in diesem Sommer 2018 sehr heiß und wir sind froh, dass unter den alten Bäumen mit ihren breiten Kronen geschwungene Holzliegen zum Ausruhen einladen. So liegen wir im Schatten und schauen in den Himmel, der durch das Blätterdach der Bäume hervorlugt. Wir halten Händchen wie ein jungverliebtes Paar und reden nur wenig. Es könnte nicht schöner sein, wenn, ja wenn nicht dieses

„Ding" in meiner Brust wachsen würde. Es bei seinem Namen zu nennen fällt mir sehr schwer, es erscheint mir fast unmöglich, das Wort „Krebs" auszusprechen. Noch erscheint es mir unmöglich…

So verbringen wir drei beinahe ungetrübte Tage in Bad Wörishofen, die uns beiden sichtlich guttun. Am letzten Abend gehen wir wieder in den nahgelegenen Biergarten zum Abendessen. Dort gibt es die typische Bayerische Küche der Region, die nicht nur uns zu schmecken scheint, denn das Lokal ist proppenvoll. Wir setzen uns zu zwei älteren Damen an den Tisch und kommen sehr schnell miteinander ins Gespräch. Die beiden sind schon viele Jahre regelmäßig zu Gast in Bad Wörishofen und schwören auf die Anwendungen der Kneippkur. Aber sie sind keine fanatischen Gesundheitsapostel und sagen daher auch zu einem Gläschen Hochprozentigen nicht nein. Wir führen eine angeregte Unterhaltung und die beiden Frauen und auch wir freuen uns, so angenehme Gesellschaft gefunden zu haben.

Als wir uns verabschieden, wünschen wir uns gegenseitig Gesundheit. Da sind wir schon im Gehen und ich sage: „Gesundheit kann ich sehr, sehr gut gebrauchen, denn vor drei Tagen habe ich die Diagnose Brustkrebs bekommen." Plötzlich geht mir das „Unwort" Brustkrebs leicht über die

Lippen, obwohl ich keinen Alkohol getrunken habe. Aber das ändert sich in dem Moment. Die etwas resolutere der beiden Damen ruft der vorbeieilenden Kellnerin zu: „Bringen Sie uns doch mal vier Schnaps, Sie wissen schon, den Hausbrand." Und zu mir und meinem Mann sagt sie, keinen Widerspruch duldend: „Setzt euch noch mal her, auf diesen Schreck müssen wir einen trinken."

Ich habe Krebs

Am Sonntagmorgen genießen wie noch einmal das Frühstück in unserer Pension, dann fahren wir die knapp 100 Kilometer weiter nach München. Dort lebt seit einigen Jahren unser jüngerer Sohn mit seiner Familie. Bis jetzt weiß weder er noch unser älterer Sohn etwas von meiner Krebserkrankung. Wir wollten unsere Kinder nicht unnötig beunruhigen, noch dazu wo die beiden in den letzten zwei Wochen gemeinsam mit ihren Familien in Kroatien Urlaub machten.

Der eigentliche Anlass unseres Besuches in München ist aber, dass wir unseren Enkel Ole abholen wollen. Er soll wie jedes Jahr einen Teil seiner Ferien bei uns Großeltern in Thüringen verbringen. Wir freuen uns schon auf diese gemeinsame Zeit, obwohl doch die tückische Krankheit alle Aufmerksamkeit für sich in Anspruch nehmen will.

Nach der Begrüßung fragt unsere Schwiegertochter: „Warum bleibt ihr nicht noch ein, zwei Tage länger bei uns in München? Ole würde sich freuen und ihr könnt doch auch hier gemeinsam etwas unternehmen."

Jetzt ist der Moment gekommen, wo ich Farbe bekennen muss: „Nein, das geht leider nicht, ich habe übermorgen einen Termin bei meiner Frauenärztin, ich habe Brustkrebs."

Ungläubiges Entsetzen erfüllt den Raum, es wird ganz still und alle Augen sind auf mich gerichtet. Ich schildere die Lage und langsam löst sich bei meinem Sohn die Starre. Er setzt sich neben mich und umarmt mich stumm. Meine Schwiegertochter berichtet von ihrer Oma, die auch Brustkrebs hatte. Ole hört bei allem aufmerksam zu und stellt hin und wieder eine Frage.

„Weil es ist, wie es ist, fahren wir also heute noch nach Hause", erkläre ich weiter, „damit ich alle Voruntersuchungen wahrnehmen kann und den Operationstermin erfahre. Für Ole läuft trotzdem alles wie immer, er wird schöne Ferientage haben. Noch dazu bei diesem herrlichen Sommerwetter, da kann er jeden Tag ins Freibad gehen. Nach Jena ins Planetarium fahren wir auch wie geplant. Versprochen!"

Wir gehen dann noch gemeinsam in die nahgelegene Pizzeria essen. Anschließend zeigt Ole uns seine Schule, die er nach den Sommerferien als Fünftklässler besuchen wird. Dann machen wir uns auf den Weg nach Thüringen.

Als wir am Abend zu Hause ankommen, ist alles wie immer: Ole rennt in den Garten, erntet hier und da etwas und hilft dann seinem Opa beim Gießen.

Er holt auch seinen Ball aus dem Schuppen und kickt ein wenig. Nach dem Abendbrot liegen ganz schnell die Rommé-Karten auf dem Tisch und wir spielen noch eine Partie zusammen. Enkel-Ferien-Idylle pur!

Als Ole dann schläft, rufe ich unseren ältesten Sohn in Essen an, um auch ihm die Hiobsbotschaft von meiner Erkrankung zu übermitteln. Ich hätte es ihm lieber persönlich gesagt.

Untersuchungsmarathon

Es ist früher Morgen. Eigentlich müsste ich noch schlafen, eigentlich…

Aber ich „sinniere" mal wieder, wie das mein Mann immer nennt, ich grüble also vor mich hin. Zum Glück bleibt mir dafür aber nicht allzu viel Zeit, denn die Schlafzimmertür geht leise auf und Ole landet mit Schwung genau in der Mitte unseres Ehebetts. Er kuschelt sich zwischen uns und genießt sichtlich Wärme und Nähe. Für uns Großeltern gibt es nichts Schöneres als dieses morgendliche Ritual mit unserem Enkel. Es dauert natürlich nicht lange und es ist mit der Ruhe vorbei, denn nun wird Quatsch gemacht und rumgetobt, lautes Lachen tönt durch das Haus. So beginnt fast jeder Ferientag mit unserem Enkel und es bleibt mir daher wenig Zeit für unnütze Grübeleien. Trotzdem ist der Krebs ständig präsent, nicht nur in meiner Brust, sondern vor allem auch in meinen Gedanken.

Heute, am 21. August, muss ich am Nachmittag zu meiner Frauenärztin. Sie hat mittlerweile sämtliche Befunde vorliegen und bespricht mit mir das weitere Vorgehen: „Ich überweise Sie zur OP in ein Brustzentrum. Nach der OP wird noch vorsorglich bestrahlt, meistens 28-mal und Antihormontabletten werden Sie in den nächsten fünf bis sieben Jahren auch täglich einnehmen müssen."

Was, über so einen langen Zeitraum? denke ich. Obwohl, das heißt ja auch, dass ich gute Überlebenschancen habe, oder? Die Ärztin erklärt ruhig und sachlich das weitere Vorgehen. „Wissen Sie schon, wo Sie sich operieren lassen möchten?" fragt sie mich dann. „Ja, im Brustzentrum in Bad Langensalza." Schon nach der Mammographie hatte ich in einer Broschüre über sämtliche Kliniken nachlesen können, die sich auf diesem Gebiet spezialisiert haben.

„Das ist in Ordnung, dort sind Sie auf jeden Fall in guten Händen", bestärkt mich meine Ärztin und greift sofort zum Telefonhörer, um für mich einen Termin in der Klinik auszumachen. „Morgen, passt es Ihnen gleich morgen?" fragt sie mich, während sie noch telefoniert. Ich schüttle energisch mit dem Kopf: „Nein, frühestens am Freitag, die nächsten zwei schönen Tage möchte ich unbedingt noch mit meinem Enkel verbringen, der als Ferienkind bei uns ist." „Also gut, melden Sie sich Freitag um 9 Uhr im Brustzentrum." Ich bin entlassen und befürchte, dass ich bereits in der nächsten Woche operiert werde.

Anschließend bin ich zum Grillen bei einer Freundin eingeladen. Dort werde ich auch noch ein paar andere ehemaligen Kolleginnen treffen, mit denen ich regelmäßig in gemütlicher Runde feiere. Ich überlege noch, ob ich überhaupt hingehe, tue es aber dann doch. Soll ich ihnen sagen, wie es um mich steht?

Als wir nach dem Essen noch ganz unbeschwert beisammensitzen, fasse ich mir ein Herz. „Ihr habt ja vielleicht mitbekommen, dass ich heute, bevor ich hierher- gekommen bin, bei meiner Frauenärztin war. Das war aber kein üblicher Kontrolltermin. Ich habe Brustkrebs und werde demnächst operiert." Uff, jetzt ist es raus. Betretenes Schweigen in der Runde, aber ich rede gleich weiter. „Wisst ihr, ich wollte euch das gerne selbst sagen, da braucht ihr nicht herumzutelefonieren und außerdem habt ihr die Information aus erster Hand."

Jetzt ist das Schweigen gebrochen und alle reden wieder munter durcheinander. Es wird über Krebserkrankungen anderer Personen erzählt, so dass bei mir der Eindruck entsteht, dass diese Nachricht die Frauenrunde nicht sonderlich erschüttert hat. Als ich mich verabschiede, fühle ich mich allein, sehr allein.

Erst als wir uns im Nachhinein wieder treffen, versichert mir jede einzelne meiner ehemaligen Kolleginnen, wie betroffen sie doch in diesem Moment gewesen sei und dass sie sehr oft an mich denken müsse.

In den zwei verbleibenden Tagen widmen wir uns ganz unserem Ferienkind. Wir gehen zusammen ins örtliche Freibad und Ole nutzt die Gelegenheit, sein Schwimmabzeichen abzulegen. Der Bademeister kann sich viel Zeit nehmen, denn das Bad ist nur wenig besucht, denn in Thüringen hat längst schon wieder die Schule begonnen. So schafft Ole fast in einem Zug sowohl die Anforderungen für das Abzeichen in Bronze als auch in Silber. Ich beobachte mit großer Freude, mit welcher Ernsthaftigkeit sich der Junge die Baderegeln einprägt und ehrgeizig schwimmt und taucht. Sein Opa fühlt sich auch herausgefordert und so tauchen die beiden sogar um die Wette, während ich das Schwimmen im Freibad genieße. Glücklich über das erworbene Schwimmabzeichen, ruft Ole gleich seine Eltern an, die sich natürlich mit ihm freuen und auch irgendwie erleichtert sind, dass wir trotz meiner anstehenden Krebsoperation schöne gemeinsame Tage erleben.

Am Freitag bringen wir unseren Enkel gleich am Morgen zu seinen anderen Großeltern. Auch diesen Ferientag soll er unbeschwert verbringen, meinen „Untersuchungsmarathon" wollen wir ihm nicht zumuten.

Mit bangem Gefühl betrete ich mit meinem Mann an der Seite die Räume des Brustzentrums. Ich erwarte irgendwie Ungewöhnliches, aber es ist wie in jeder anderen Klinik. Nein, vielleicht sind die Schwestern hier aufmerksamer, einfach ein Stück weit sensibler als anderswo. Ich fühle mich auf jeden Fall angenommen. Als erstes gilt es allerdings, wie überall, Fragebögen und Datenschutzerklärungen auszufüllen. Dann werde ich aber relativ schnell aufgerufen und betrete gemeinsam mit meinem Mann das Sprechzimmer von Dr. C. Er ist der Chefarzt des Brustzentrums und wird mich später auch operieren. Vor uns steht ein mittelgroßer, schlanker, dunkelhäutiger Mann, der Ruhe und Gelassenheit ausstrahlt. Er begrüßt uns freundlich und bittet uns Platz zu nehmen. Für ihn ist es ganz selbstverständlich, dass mein Mann dabei ist. Dann bespricht er mit uns den vorliegenden Befund, meinen Befund. Zuvor fotografiert er meine Brust und führt einen Ultraschall durch. Danach erklärt er anhand einer Zeichnung ganz genau, wie er bei der Operation vorgehen wird. Die beste Nachricht ist für mich: Es wird bei mir auf jeden Fall brusterhaltend operiert werden! Außerdem erläutert Doktor C., dass er nicht nur den Tumor entfernt, sondern vier weitere Proben des umliegenden Gewebes entnehmen wird, die alle in der Pathologie gründlich untersucht werden. „Wenn Sie Fragen haben, dann stellen Sie die ruhig," fordert uns der Arzt auf. Mich bewegt nur eins: „Ist die Diagnose eindeutig?" „Frau Weber, das Mammographie-Screening ist eine der gründlichsten Untersuchungen überhaupt. Drei Ärzte haben unabhängig voneinander Ihre Aufnahmen begutachtet und sind zu dem Befund gekommen. Und das Ergebnis der Biopsie lässt auch keinerlei Zweifel zu. Das Karzinom muss entfernt werden."

„Ist nach der Operation wirklich noch Bestrahlung nötig?", will mein Mann wissen. „Ja, auf jeden Fall, das lehrt uns die Erfahrung. Eventuell noch vorhandene einzelne Krebszellen sollen abgetötet werden. Auch die Hormontherapie ist notwendig, da diese Art von Tumor auf Hormone anspricht." Doktor C. nimmt sich viel Zeit für uns. „Frau Weber, ich möchte Sie auch darüber informieren, dass Sie die Möglichkeit haben, freiwillig an einer Studie teilzunehmen, die wir gemeinsam mit der Universität Rostock durchführen und an der ca.

6.000 Frauen beteiligt sind. Es geht um die Entfernung der Lymphknoten. Hat man früher die Achsel vollkommen ausgeräumt, das heißt alle Lymphknoten entfernt, so wird heute nur noch standardmäßig der sogenannte Wächterknoten operiert." Wächterknoten?? Ich habe das Wort noch nie gehört. Der Arzt erklärt weiter: „Ihre Lymphknoten sind nicht befallen, das heißt, der sogenannte Wächterknoten wird nur vorsorglich entfernt. In der Studie versuchen wir herauszufinden, ob wir darauf verzichten können. Wir geben also Ihre sämtlichen Daten aus den Voruntersuchungen in den Computer ein und der legt dann fest, welcher Gruppe Sie zugeordnet werden." „Habe ich Sie richtig verstanden, Sie können mir jetzt noch gar nicht sagen, ob der Knoten entfernt wird oder nicht?" „Richtig, das wird erst kurz vor der Operation feststehen, wenn Sie sich entschließen an der Studie teilzunehmen. Schwester Elvira wird Ihnen noch einmal alle Details erläutern."

Wieder prasselt eine Fülle von Informationen auf mich, auf uns ein. Schwester Elvira, mit der wir anschließend sprechen, ordnet sie, beantwortet weitere Fragen und erstellt mir einen konkreten Zeitplan, auf dem alle weiteren Voruntersuchungen genau festgehalten sind. Als letzter Termin steht auf dem Blatt:

18. September 2018 – Operation.

Der Untersuchungsmarathon geht weiter

Nun habe ich also Klarheit. Der Operationstermin steht fest und ich weiß, was auf mich zu kommt, zumindest bilde ich mir das ein.

Am Wochenende ist in Mühlhausen Kirmes, die Stadt feiert ihr größtes Volksfest. Mir ist zwar nicht nach Feiern zumute, aber unserem Enkel möchte ich nicht die Stimmung vermiesen. Also schauen wir uns den Festumzug an und gehen auch zusammen auf den Rummel. Überall herrscht ausgelassene Fröhlichkeit, für Trübsinn und schwermütige Gedanken ist da kein Platz, aber die Gedanken sind ja bekanntlich frei... Außerdem sieht mir niemand an, was für Ängste mich quälen.

Am Dienstag steht die nächste Untersuchung im Krankenhaus in Bad Langensalza an. Ich bin schon früh um acht Uhr bestellt und so bleibt uns nichts anderes übrig, als Ole dorthin mitzunehmen. Außerdem haben wir geplant, anschließend mit ihm in die Frederiken-Therme baden zu gehen, als Entschädigung so zu sagen.

Bei mir soll eine Computertomographie von Bauch und Lunge gemacht werden. Für Ole ist das spannend, er löchert uns mit Fragen und würde mich am liebsten in den Untersuchungsraum begleiten. Er hat keinerlei Berührungsängste, aber er muss natürlich genauso vor der Tür warten wie mein Mann.

Zum Glück ist der Computertomograph eine offene Röhre und somit die Untersuchung leichter zu ertragen. Allerdings wird sie mit Kontrastmittel durchgeführt und das Setzen der Kanüle macht auf Grund meiner schlechten Venen einige Probleme. Die junge Schwester traut sich erst gar nicht, aber auch ihre erfahrenere Kollegin hat Schwierigkeiten. Am Ende muss wieder eine Vene auf der Hand herhalten, um das Kontrastmittel zu spritzen. Die eigentliche Untersuchung ist dann kurz und schmerzlos und das im wahrsten Sinn des Wortes.

Ole hat derweil zum zweiten Mal gefrühstückt und freut sich, dass es nun endlich ins Schwimmbad geht. Da sowohl mein Arm als auch meine Hand „verpflastert" sind, verzichte ich auf das Badevergnügen und die beiden Männer machen sich allein auf den Weg in die Therme, während ich eher ziellos durch die Stadt schlendere. Wieder viel Zeit zum Sinnieren!

Zwei Tage später wird in der Radiologie eine Szintigraphie vom Knochengerüst angefertigt, ähnlich wie beim CT in einer offenen Röhre. Hier habe ich das Glück, an eine erfahrene Krankenschwester zu geraten, die eine wahre

Meisterin ihres Fachs ist: Ohne mit der Wimper zu zucken, sticht sie in eine Armvene und schon ist der Zugang für das nunmehr radioaktive Kontrastmittel gelegt. Dass der Arzt anschließend die Aufnahmen mit mir auch gleich auswertet, ist besonders angenehm, denn er stellt keinerlei Auffälligkeiten fest und ich verlasse erleichtert die Radiologie-Praxis.

Ole ist mittlerweile mit seinen anderen Großeltern unterwegs, denn selbstverständlich wollen auch sie gemeinsame Zeit mit ihrem Enkel verbringen, ehe es wieder zurück nach München geht, denn der Schulbeginn steht bevor.

Ich vermisse Ole, denn er wirkt auf mich wie eine beruhigende Medizin. Wenn wir zusammen spielen oder unterwegs sind, vergeht die Zeit wie im Flug. Er fordert mich ständig und sorgt so dafür, dass ich nicht ins Grübeln gerate. Sicher ist das auch manchmal anstrengend, aber eine Anstrengung im positiven Sinn.

Eine Woche später ist die nächste Untersuchung fällig, ein MRT der Brust soll angefertigt werden. Diesmal ist es eine richtige, also eine rundum geschlossene Röhre und die ganze Prozedur sehr unangenehm. Wieder muss ein Zugang für das Kontrastmittel gelegt werden. „Wie sieht es denn mit Ihren Venen aus?", will der junge Pfleger schon vorab von mir wissen. „Leider nicht sehr gut", muss ich gestehen. „Dann hole ich wohl besser gleich den Arzt, der kann das auf jeden Fall besser, der „Venenmann". Dieses Wortspiel verstehe ich erst später, als ich den Namen des Arztes auf seinem Schild lese. Aber auch er hat Probleme mit der Armvene, so dass am Ende wieder nur die Vene auf der Hand übrigbleibt, um das Kontrastmittel zu spritzen. Endlose zwanzig Minuten bringe ich dann in unangenehmer Bauchlage in der Röhre zu, die Geräusche sind trotz der Kopfhörer laut und nervig. Zum Glück strömt permanent Frischluft in mein Gesicht, so dass auch die längsten zwanzig Minuten irgendwann vorüber sind. Mein Mann wartet derweil mutterseelenallein in den fensterlosen Katakomben des Krankenhauses auf mich, denn der Standort des MRT-Geräts befindet sich tief im Keller ganz am Ende des Ganges, was bei dem Krach, den es macht, auch kein Wunder ist.

Wieder eine Woche später bin ich ins Brustzentrum bestellt, um alle weiteren Untersuchungen durchzuführen, die der unmittelbaren Operationsvorbereitung dienen. Es beginnt mit der Blutentnahme, die wieder die altbekannten Schwierigkeiten macht. Anschließend folgen

Arztgespräch, EKG und so weiter und sofort. Zum Schluss findet noch das Gespräch mit der Narkoseärztin statt, die bei der Operation für die Anästhesie zuständig ist. Sie liest tatsächlich den von mir ausgefüllten Fragebogen gründlich durch und stellt mir dazu Fragen. Sie verspricht mir, dass die Narkose individuell auf mich abgestimmt wird und ich auf einen guten Verlauf hoffen kann. Als wir gegen 15 Uhr die Klinik verlassen, bin ich regelrecht erschöpft. Trotzdem fühle ich mich gut auf die OP vorbereitet, noch dazu wo jetzt feststeht, dass der Lymphknoten nicht entfernt wird. Das hat mir Schwester Elvira im Laufe des Tages mitgeteilt, nachdem der Computer alle meine Daten verarbeitet hatte. Ich bin erleichtert und falle der Schwester spontan um den Hals. Also „nur" Brust-OP!

September am Schwarzen Meer

Der Sommer ist müde geworden von all dem Rummel,
die Sonne tritt kürzer, legt Pausen ein.
Milde Wärme statt brennender Hitze,
erste Nebel streifen am Morgen das Land.
Das Meer lockt noch immer zum Baden,
aufgeheizt von des Sommers Glut.
Geschenkte Zeit, die langsamer vergeht,
Ruhe kehrt nun ein.
Leise schleicht sich Wehmut an den Strand,
der erste Sturm schreibt „Herbst" in den Sand.

September

Fotokünstler in Köln

Eigentlich wollten wir auch in diesem September wieder zwei Wochen am Schwarzen Meer in Bulgarien verbringen. Schon vor ein paar Jahren haben wir den ruhigen Ferienort Albena für uns entdeckt und genießen dort gemeinsam mit Freunden regelmäßig die Nachsaison. Nun hat uns der Krebs einen Strich durch die Rechnung gemacht. Unsere Freunde reisen allein. Wir bleiben zu Hause und ich bereite mich auf meine Operation vor. Aber wie alles im Leben hat auch dieser Umstand seine zwei Seiten: Wir reisen zwar nicht nach Bulgarien, dafür aber nach Essen und weiter nach Köln. Unser Sohn hat uns zu einer Vernissage eingeladen!

Nach erfolgreich abgeschlossenem Kunst- und Fotografie-Studium an der Hochschule der Bildenden Künste in Essen wird er in Köln gemeinsam mit drei Kommilitonen seine Abschlussarbeit präsentieren.

Die vier Künstler haben einen alten Bunker als Räumlichkeit gemietet und stellen dort ihre Arbeiten vor. Unser Sohn ist in die Vorbereitung der Ausstellung stark eingebunden und hat daher ständig in Köln zu tun.

Er empfängt uns und die anderen Gäste der Vernissage und man merkt ihm an, wie aufgeregt er ist. Freunde, Nachbarn, Kommilitonen und die Familien sind gekommen und werden stilgerecht mit einem Glas Sekt begrüßt.

Wir schauen uns in den Räumen um und entdecken sehr unterschiedliche künstlerische Werke, die wir einfach auf uns wirken lassen, denn es wird ganz bewusst auf eine Beschriftung verzichtet. Erst in der Laudatio des eigens aus Berlin angereisten Professors wird deutlich, wie jeder der vier Absolventen ein bestimmtes Thema bearbeitet hat und nun in dieser besonderen Atmosphäre des Bunkers darstellt. Bei unserem Sohn sind es Ventilatoren, die er als künstlerisch verfremdete große Fotografien präsentiert. Dass es sich bei dem einen Bild tatsächlich um die Trommel eines Wäschetrockners handelt, erschließt sich erst bei der genaueren Auseinandersetzung mit der großflächigen Fotografie.

Der Professor spart nicht mit Lob für die Arbeit unseres Sohnes und natürlich sind wir als Eltern stolz und auch ein bisschen gerührt. Richtig emotional wird es aber für mich, als im Laufe des Abends eine Mitstudentin auf mich zukommt und mir zu diesem prächtigen Sohn gratuliert.

Sekundenglück!

Operation in der Karibik

Morgens um halb sieben soll ich am Operationstag in der Klinik sein. Als wir von zu Hause losfahren, ist es noch dunkel, aber allmählich dämmert es im Osten und der Himmel verspricht einen wunderschönen Spätsommertag. Er wird der heißeste Tag des Monats werden, dieser 18. September 2018.

Außer diesen morgendlichen Eindrücken werde ich aber vom Wetter nichts mehr mitbekommen. Mein Mann begleitet mich im Krankenhaus bis auf das Zimmer und ist mir noch beim Einräumen meiner Sachen behilflich. Dann verabschiedet er sich schnell. Bestimmt kommt er sich auch total überflüssig vor in dieser hektischen Betriebsamkeit, denn im Krankenhaus quartiert man mich in ein 3-Bett-Zimmer ein. Das wundert mich schon, dachte ich doch bisher, es gäbe maximal 2-Bett-Zimmer auf dieser Station. So teile ich mir also das Zimmer mit zwei weiteren Patientinnen, von denen ich die eine schon von den Voruntersuchungen her kenne.

Auf den Betten liegen schon Kittel, Strümpfe, Netzschlüpfer und Haube bereit, und eine der Schwestern treibt uns drei OP-Kandidaten an: „Ziehen Sie bitte alles, wirklich alles aus und dann die bereitliegenden Sachen an. Anschließend will Sie der Chef sehen und für die Operation anzeichnen. Frau Weber, wenn Sie fertig sind, gehen Sie gleich vor ins Sprechzimmer."

Doktor C. erwartet mich schon. In seinem Zimmer ist nichts von Hektik zu spüren. Er begrüßt mich wie immer freundlich und macht als erstes wieder ein Foto von meiner Brust. Ich komme mir vor wie bei einem Schönheits-Chirurgen, weiß aber natürlich ganz genau, dass die Fotos der Dokumentation dienen und die Operation mit Schönheits-Chirurgie nichts aber auch gar nichts zu tun hat. Anschließend wird noch ein Ultraschall gemacht, bevor Dr. C. mich mit einem Stift anzeichnet, das heißt er markiert und beschriftet mich im wahrsten Sinn des Wortes. „Das ist Ihre Eintrittskarte in den OP, ohne die kommen Sie da gar nicht erst hinein," sagt er verschmitzt lächelnd und verabschiedet mich.

Wieder zurück im Zimmer erklärt mir die Schwester: „Frau Weber, Sie sind als zweite dran. Wenn Ihre Bettnachbarin zur OP abgeholt wird, bringe ich Ihnen die Beruhigungstablette." Seltsamerweise bin ich gar nicht aufgeregt. Ich kuschle mich unter meine Decke und lasse meine Zimmergenossinnen schwatzen. Mir ist absolut nicht nach Reden zumute. Als ich dann noch meine

Tablette eingenommen habe, schlafe ich auch schon ein. Erst als ich auf dem Weg zum Operationssaal mit meinem Bett durch die Gänge zum Fahrstuhl gefahren werde, bin ich wieder munter. Aber nicht für lange. Zwar beantworte ich die Fragen des Narkosearztes nach Namen und Geburtsdatum noch korrekt, aber als er wissen will, wohin er mich denn mit der Narkose nun befördern solle, antworte ich ohne zu zögern: „In die Karibik. Am liebsten nach Kuba." Er lacht und führt dabei eine Kanüle in eine Vene der rechten Hand ein. „In Ordnung. Und was möchten sie gern trinken?" „Mojito." Von diesem Moment an, weiß ich nichts mehr.

Als ich wieder zu mir komme, denke ich: Also jetzt geht es mit der Operation los. Doch auf einmal begreife ich, dass ich schon längst operiert worden bin!

Ich befinde mich bereits im Aufwachraum und eine meiner Mitpatientinnen winkt mir aus ihrem Bett zu. Richtig munter werde ich erst wieder in unserem Zimmer. Ich wage einen vorsichtigen Blick unter das OP-Hemd und sehe auf meiner linken Brust nur ein großes Pflaster. Alles noch dran stelle ich erleichtert fest und schlafe wieder ein.

Kuba

Kuba – Sehnsuchtsort seit ewigen Zeiten,
exotische Insel, unerreichbar fern.
Traumziel für Fernwehgeplagte,
karibische Schönheit im türkisfarbenen Meer.

Klischee scheint sich an Klischee zu reihen,
als könnten Träume Wirklichkeit sein.
Kubanischer Charme nimmt mich gefangen,
Vertrautheit stellt sich ein.

Doch seh ich auch die Nöte, erkenne den Mangel,
hoffe auf glückliche Veränderung.
Bleibt es auch künftig mein Sehnsuchtsort?
Kuba - das fremde so vertraute Land.

Noch mal Glück gehabt?

Als am späten Nachmittag des Operationstages mein Mann zu Besuch kommt, bin ich hellwach und ein bisschen aufgekratzt. Ich fühle mich stark und möchte am liebsten gleich aufstehen, um vor allem der Enge des Krankenzimmers zu entfliehen. Denn selbstverständlich haben auch meine beiden Mitpatientinnen Besuch. Aber mein Mann stoppt meinen Tatendrang, noch dazu wo selbst der Toilettengang noch mit Unterstützung einer Krankenschwester erfolgen soll, woran ich mich aber nicht halte.

Aber nun bleibe ich brav im Bett liegen und verspeise mit großem Genuss einen Apfel, den mir H. mundgerecht serviert. So gut wie dieser Apfel hat mir lange nichts geschmeckt. Noch dazu stammt er doch von dem Baum, den mir einst meine Schüler zum Abschied von meinem Berufsleben schenkten.

Mein Mann fährt einigermaßen erleichtert nach Hause, da ich ja ganz offensichtlich die OP gut überstanden und vor allem auch die Narkose sehr gut vertragen habe.

Die nachfolgende Nacht wird allerdings wenig erholsam, denn wir sind das Zimmer der „Schlaflosen" und kommen alle drei erst sehr spät zur Ruhe. Eine der beiden Mitpatientinnen hat es außerdem besonders schlimm erwischt, ihr sind beide Brüste entfernt worden, gleichzeitig erfolgte ein Brustaufbau.

Am nächsten Tag steht einem „Ausflug" auf die Terrasse der Klinik nichts mehr im Wege und ich bin froh, dass ich nicht mehr an das Krankenzimmer gebunden bin. Allerdings bin ich noch mit der Drainage verbunden, die die Wundflüssigkeit ableitet und in einem kleinen „Täschchen" sammelt. Aber das stört mich nicht allzu sehr. Dass an diesem Tag auch noch die Vertreterin eines Sanitätshauses erscheint, um mir einen entsprechenden BH anzupassen, erstaunt mich schon eher. Angenehm überrascht bin ich aber, als sich an diesem Tag auch die Psychologin der Klinik vorstellt und uns frischoperierten Patientinnen ihre Hilfe anbietet. Sie informiert uns darüber, wann und wo sie zu erreichen ist und lässt schon mal vorsorglich ihre Visitenkarte da. Zwar bin ich mir ziemlich sicher, ihre Unterstützung bestimmt nicht zu brauchen, aber ich packe die Karte trotzdem zu den Unterlagen in meinen immer dicker werdenden „Krebsordner". Man kann ja nie wissen…

Ich muss in diesem Zusammenhang auch an meine Schwiegermutter denken, die vor Jahren an Darmkrebs erkrankte und sich einer belastenden Chemotherapie unterziehen musste. Immer wenn es mir möglich war, hatte ich sie zu dieser ambulant verabreichten Therapie begleitet. Psychologische Betreuung erfuhr meine Schwiegermutter nicht, ich hätte sie mir aber für sie gewünscht. Wir Angehörigen konnten diese Betreuung trotz guten Willens nur unzureichend leisten.

Da es bei mir nach der Operation scheinbar keinerlei Komplikationen gibt, ist bereits am dritten Tag von meiner Entlassung die Rede. Aber als die Schwester den Verband wechselt und die Brust auch wieder fotografiert, fällt ihr auf, dass die Brust leicht gerötet ist. Die hinzugezogene Ärztin verordnet ein Antibiotikum und ist der Meinung, dass einer Entlassung trotzdem nichts im Wege steht. Ich bestehe aber darauf, noch einen Tag in der Klinik zu bleiben, um festzustellen, ob das Medikament auch anschlägt und die Entzündung zurückgeht. Die Schwester unterstützt mein Ansinnen, so dass ich erst am nächsten Tag entlassen werde, nachdem mich auch der Chefarzt noch einmal abschließend untersucht hat.

So kann ich schon nach knapp vier Tagen die Klinik verlassen. Vorher spreche ich noch mit der

Mitarbeiterin vom Sozialdienst, denn ich gelte nun als schwerbeschädigt und kann einen entsprechenden Ausweis beantragen, was ich auf jeden Fall tun werde. Außerdem macht sie mir einen Ausdruck von den Kliniken, die eventuell für eine Anschlussheilbehandlung in Frage kommen, die aber erst nach Beendigung der Strahlentherapie erfolgt. Für mich steht nämlich fest, dass ich keinesfalls nach Bad T. möchte. Dort war mein Bruder im vergangenen Jahr und die Erinnerungen an ihn, der am 1.März an Lungenkrebs verstarb, sind zu schmerzhaft.

Als mein Mann mich aus der Klinik abholt, bin ich einfach nur glücklich, dass ich wieder nach Hause kann. Auf dem Heimweg fahren wir gleich noch bei meiner Frauenärztin vorbei, die mir sowohl das Antibiotikum als auch Spritzen zur Thrombosevorsorge verschreiben muss, denn aus dem Krankenhaus habe ich nur die Ration fürs Wochenende mitbekommen. Ich händige meiner Ärztin auch den vorläufigen Entlassungsbrief aus. Sie liest ihn kurz und sagt dann: „Frau Weber, Sie haben bei all dem Schlimmen, was Sie ereilt hat, großes Glück gehabt." Aus ihren Worten klingt Mitgefühl und gleichzeitig Erleichterung. „Erholen Sie sich erst mal, in etwa vier bis fünf Wochen geht es dann mit der Bestrahlung weiter."

Familienbande

Zu Hause hat mein Mann schon einen Topf mit Suppe vorbereitet. Die wird nach altem Familienrezept gekocht und ist beliebt bei Jung und Alt. Als ich am Tisch sitze, macht er ein Foto und schickt es per WhatsApp an alle Verwandten und Freunde. Die „Insider" wissen, dass es sich um Omas berühmte Sagosuppe handelt, die ich da esse und sind sich einig: Diese Suppe hilft immer!

Ich genieße aber nicht nur die heimische Kost, sondern vor allem auch das Schlafen im eigenen Bett.

Meine Narbe verheilt gut und ich habe auch keine Schmerzen, so dass ich leichte Hausarbeiten ohne Mühe erledige. Als ich aber gleich am Tag nach meiner Entlassung bügeln will, gefällt das meinem Mann gar nicht und er protestiert energisch: „Lass das mit dem Bügeln, ruhe dich lieber aus und außerdem sollst du dich doch schonen." Da ich aber auf meinem Vorhaben beharre, holt er murrend das Bügelbrett herbei und ich beginne mit der Arbeit. Plötzlich ist in unserem Flur Bewegung und das, obwohl niemand geklingelt hat. Was ist da los? Schon geht die Tür auf und unser Enkel stürmt ins Zimmer, im Schlepptau seine Eltern. Sie haben die weite Reise aus München nicht gescheut, um mich mit ihrem Besuch zu überraschen. Jetzt begreife ich auch, warum ich partout nicht bügeln sollte, denn mein Mann ist natürlich eingeweiht und wusste, dass jeden Moment mit den Besuchern zu rechnen ist. Ich bin gerührt und freue mich riesig. Unsere Schwiegertochter bringt selbstgebackenen „Pflaumendatschi" mit und schon sitzen wir alle am Kaffeetisch und genießen unser Zusammensein.

Anschließend holt Ole das Scrabble-Spiel aus dem Schrank, denn er weiß genau, dass es mir großen Spaß macht, mit ihm zu spielen. Und schon liefern wir beide uns ein spannendes Duell, bei dem der „Duden" als Unterstützung nicht fehlen darf. Wir haben schon sehr oft dieses Wortlegespiel gemeinsam gespielt, aber nie ist es Ole gelungen, mich zu besiegen. Deshalb schätze ich es umso mehr, dass mein Enkel immer wieder die Herausforderung annimmt und beharrlich versucht, endlich mal gegen seine Oma zu gewinnen.

Erst am Ende der Partie addiere ich die Punkte, damit es bis zum Schluss spannend bleibt. Oh, welch Wunder, Ole hat tatsächlich das erste Mal gewonnen und freut sich überschwänglich! Ich gönne ihm den Sieg und er erhält auch wie versprochen einen kleinen Obolus für seine Sparbüchse.

Das Schönste ist aber, dass mir mal wieder keine Zeit und Gelegenheit bleibt, über mein Schicksal nachzugrübeln.

Am darauffolgenden Wochenende besuchen uns auch Sohn und Schwiegertochter aus Essen. Dank des schönen Wetters können wir sehr viel Zeit draußen auf der Terrasse verbringen und genießen die wunderbaren Herbsttage, die noch eher sommerlich daherkommen. Wir haben Zeit, über vieles zu sprechen und nutzen sie auch.

Mir wird mehr und mehr bewusst, wie kostbar jeder einzelne Tag ist. Ich bin glücklich, wenn wir wenigstens ein paar davon zusammen mit unseren Kindern verbringen können, die leider viel zu weit weg wohnen. Nach dem Studium hat es unsere Söhne von Thüringen weggeführt, da sie der Arbeit gefolgt sind und ihre berufliche Perspektive anderswo gefunden haben. Mittlerweile haben sie Familien gegründet und leben ihr Leben. Daher zählt jeder gemeinsam verbrachte Tag und wir versuchen, uns trotz der Entfernung so oft wie möglich zu sehen.

Oktober am Rande des Hainichs

Kraniche ziehen wie jedes Jahr
ihr Rufen lockt mich,
zwingt meinen Blick in den Himmel.
Aus scheinbarem Chaos formiert sich die geordnete Schar,
folgt unbeirrt der Route in den Süden.
Oktobersonne wirft schon lange Schatten,
schenkt mir eine Gnadenfrist.
Sehnsucht nach Wärme verleiht mir irgendwann Flügel,
dann folge ich dem Vogelzug in die Ferne.

Oktober

Arztbesuche ohne Ende

Nachdem ich ein paar Tage zu Hause bin, ruft die Mitarbeiterin des Sanitätshauses an um mir mitzuteilen, dass der für mich bestellte BH zur Abholung bereit liegt. Es ist ein sogenannter Epithesen-BH und mir ist erst nicht klar, wozu ich den benötige, denn meine Brust ist ja vollständig erhalten. Aber man erklärt mir: „Frau Weber, die Epithese soll Ihre Narbe schützen und es ist auch nicht ausgeschlossen, dass Sie doch noch etwas zum „Nachfüllen" brauchen." So hatte ich das noch gar nicht gesehen, gewöhne mich aber schnell an diesen besonderen BH und fühle mich auch tatsächlich geschützter.

Leider ereilt mich Anfang Oktober ein altes Leiden, das scheinbar schon auf der Lauer gelegen hat und mich nun wieder quält: Blasenentzündung. Wie so oft ist gerade Wochenende beziehungsweise Feiertag (3. Oktober!) und meine Hausärztin hat Urlaub. So versuche ich mich erst mal selbst zu kurieren, trinke unablässig Blasen- und Nierentee, aber leider nur mit mäßigem Erfolg. Daher bleibt mir nichts weiter übrig, als den Urologen aufzusuchen, der mir prompt ein Antibiotikum verordnet. Aber er schickt auch eine Urinprobe ins Labor, um genau festzustellen zu lassen, welche

Bakterien für die Entzündung verantwortlich sind. Doch das dauert natürlich ein paar Tage, ehe der entsprechende Befund da ist. Außerdem habe ich noch einen schon vor langer Zeit geplanten Termin bei der Hautärztin. Ich informiere sie über meine Brustkrebserkrankung und zeige ihr auch den Operationsbefund. Daraufhin macht sie sofort ein Hautscreening. Sie untersucht mich äußerst gründlich und kommt zu dem Schluss: „So weit ist alles in Ordnung, aber an der Außenseite Ihres rechten Oberschenkels ist ein winziges Muttermal, das gefällt mir gar nicht. Es sollte möglichst zeitnah entfernt werden, am besten gleich."

Ich bin sprachlos: Jetzt sofort soll schon wieder an mir „herumgeschnippelt" werden? Aber Frau Doktor M. lässt sich nicht beirren: „Die Schwester betäubt die Stelle und ich mache einen kleinen Schnitt und dann haben Sie es schon hinter sich. Das ist keine große Sache" Ich füge mich in das Unvermeidliche und denke: Will denn im Moment jeder seine Schnittkünste an mir ausprobieren?? Mein Mann dagegen wundert sich mal wieder, wie lange ich im Sprechzimmer zubringe. Aber am Ende der Prozedur ist alles gut und ich werde mit einem Pflaster auf dem Oberschenkel entlassen. „Zum Fäden ziehen kommen Sie bitte in 14 Tagen vorbei", gibt mir die Schwester noch als Order mit auf den Weg. So, so Fäden ziehen ist also auch noch nötig. Glücklicherweise war das bei meiner Brust-OP überflüssig, weil dabei abbaubares Nahtmaterial verwendet wurde. Als ich nach knapp zwei Wochen zum Fäden ziehen erscheine, geht das Ganze so schnell, dass ich nicht mal zum Hinsetzen komme.

Den erneuten Besuch beim Urologen kann ich gleich mit erledigen, da beide Ärzte im selben Gebäude praktizieren. Dieses Mal werde ich von meiner mir vertrauten Ärztin begrüßt. Ich berichte ihr von der Krebserkrankung, der Operation und von der weiteren Behandlung. Sie hört sehr aufmerksam zu und schlussfolgert: „Sie brauchen jetzt Ihre ganze Kraft für die Bekämpfung des Krebses. Ihre Blase sollte Sie dabei nicht auch noch quälen." Sie verordnet ein weiteres Antibiotikum, welches genau die Bakterien bekämpft, die im Laborbefund festgestellt wurden. Außerdem soll mich anschließend eine Art Dauermedikation vor meinen ständig wiederkehrenden Blasenentzündungen schützen. Ich kann ihr nur vertrauen und das Beste hoffen.

Doch ich spüre, dass sich mir sowohl die Hautärztin als auch die Urologin mit sehr viel Anteilnahme zuwenden und bin froh, dass ich so offen über meine Krebserkrankung gesprochen habe.

Zwischenspiel

Ein Blick aus dem Fenster, ich halte inne:
Graue Wolken ziehen mit dem Wind.
Kahle Bäume strecken ihr Geäst in den Himmel,
letztes Licht wehrt sich gegen die Dunkelheit.

Allmählich zeichnet die Dämmerung ihr Bild,
mit weichem Pinselstrich verwischt sie die Konturen.
Eingerahmt zwischen Tag und Nacht,
verbreitet Zwielicht seinen Zauber.

Malen möchte ich können, festhalten den Moment,
aber mir bleiben nur die Worte.
Im Kopf das Bild, in der Hand den Stift,
versuch ich mich an – Wortmalerei.

Mein Leipzig lob ich mir...

Jeden Donnerstagnachmittag trifft sich im sogenannten „Galerie Café" in Leipzig-Meyersdorf eine Gruppe von Senioren, es sind überwiegend Frauen, zu einer Schreibwerkstatt. Sie alle vereint die Leidenschaft für das Lesen, aber auch für das Schreiben von Geschichten. Unter dem Motto „Dialog am Donnerstag – Erfahren – Erzählen – Schreiben" werden eigene Texte vorgestellt und anschließend diskutiert, wobei es dabei durchaus kritisch zur Sache geht. Ergebnis dieser schöpferischen literarischen Arbeit sind zahlreiche Bücher, die über viele Jahre hinweg erschienen sind.

Seit mehr als zwei Jahren pflege ich eine enge Beziehung zu dieser Gruppe, nachdem mich deren Leiterin Frau S. sozusagen „entdeckt" hat. In einer überregionalen Zeitung hatte sie einen Beitrag von mir gelesen und daraufhin den Kontakt zu mir aufgenommen. Seit dieser Zeit habe ich schon mehrmals an verschiedenen literarischen Veranstaltungen der Gruppe teilgenommen und fühle mich in dieser Gemeinschaft sehr wohl. Durch sie wurde ich auch inspiriert, vor Ort im Mühlhäuser Autorenkreis mitzuarbeiten, der mittlerweile zu meiner künstlerischen Heimat wurde.

Schon lange vor meiner Krebserkrankung war auch in diesem Jahr wieder die Einladung der Schreibgruppe für das traditionelle Oktobertreffen in Leipzig erfolgt.

Natürlich wollte ich unbedingt daran teilnehmen, war aber nicht sicher, ob die Operation und alle folgenden Behandlungen das zulassen würden. Was sollte ich tun? Mein Mann, der mich immer nach Leipzig begleitet, meinte nur: „Ruf doch einfach Frau S. an und erzähle ihr, wie es um dich steht."

Da Frau S. selbst schon zweimal eine Krebserkrankung durchgemacht hat, brauchte ich ihr nicht viel erklären. Als Betroffene konnte sie sich sehr gut in meine Lage versetzen und mir auch raten: „Frau Weber, wenn Sie gern zu unserem Treffen kommen möchten, dann kommen Sie. Gerade jetzt ist es wichtig, dass Sie unbedingt an den Dingen festhalten, die Ihnen Freude machen. Informieren Sie den Arzt über Ihr Vorhaben und dann lässt es sich bestimmt einrichten."

Wie gut, dass ich ihrem Rat gefolgt bin! Das Treffen in Leipzig mit den Autorenfreunden hat mir wieder sehr viel gegeben. Ich konnte eigene Texte und Gedichte vorstellen und mir Anregungen von anderen holen.

Und der Krebs?? Der war ganz weit weg!

Novemberwinter

Flockentanz im Novembergrau.
die Landschaft wolkig weiß.
Frostige Nacht nebeltrüb,
zaubert Raureif-Zucker-Eis.

Novemberwinter währt nur kurz,
der Schnee dem Regen weicht.
Nebelwatte nimmt das Licht,
das meine Seele nicht erreicht.

November

Bestrahlungsmarathon

Am 1. November, einem Donnerstag, beginnen die Bestrahlungen. Bereits in der Woche davor findet sowohl ein Gespräch mit der „Strahlenärztin" als auch eine Kontrolluntersuchung im Brustzentrum statt. Fazit: Alles im grünen Bereich! Es kann also damit losgehen, auch den letzten Krebszellen mit Hilfe harter Röntgenstrahlen den Garaus zu machen. Bevor aber die eigentliche Bestrahlung beginnt, wird mein Körper gescannt und abgezeichnet, das heißt, mit Stiften wird genau markiert, wo die Bestrahlung erfolgen soll. Dieses Prozedere wird sich dann in regelmäßigen Abständen wiederholen, um zu sichern, dass es nicht zu Verschiebungen kommt, mein Körper immer gleich gelagert ist und so exakt bestrahlt wird.

Die Praxis für Radio-Onkologie ist erst vor etwa fünf Jahren gebaut worden und liegt etwas abseits von weiterer Bebauung in einem Gewerbegebiet, sinnigerweise genau hinter dem Friedhof. Die Mitarbeiter der Klinik sind alle freundlich, kompetent und dem Patienten zugewandt. Trotzdem ist mir bei den ersten Bestrahlungen bang ums Herz. Ich halte während der Therapie die Augen fest geschlossen und lasse die Prozedur über mich ergehen. Der riesige Ionen-Bestrahler, der in einem fensterlosen Raum steht, gibt tackernde und gurgelnde Geräusche von sich, während er um mich herumfährt und seine Aufgabe erfüllt: Mich bestrahlen, um Krebszellen abzutöten. Wie eingefroren liege ich völlig erstarrt auf der Behandlungsliege, denn ich darf mich keinesfalls bewegen, um den Erfolg der Bestrahlung zu sichern. Ich konzentriere mich aufs Zählen, einer bewährten Methode, um Zeit zu überbrücken. So stelle ich schnell fest, dass ich mit meiner „Zählerei" maximal bis 120 komme, dann ist das Prozedere vorbei. Wie befreit verlasse ich „oben ohne" den Bestrahlungsraum, ziehe mich in der Kabine schnell an und werde im Wartezimmer von meinem Mann in Empfang genommen. Geschafft!

Und wieder mache ich meine Rechnung auf und zähle wie ein Kind vor Weihnachten: Noch 20-mal Bestrahlung, noch 14-mal noch 7-mal und so weiter und so weiter. Meine ganze Familie und auch die Freunde bangen mit. Sie erkundigen sich laufend, wie es mir geht und ob ich denn die Wirkung der Strahlen verspüre. Wider Erwarten merke ich in der ersten Zeit so gut wie gar nichts. Auch bei den wöchentlichen Arztgesprächen habe ich nichts zu klagen: Mir geht es gut.

Erst zum Schluss, als ich nur noch wenige Male bestrahlt werden muss, reagiert meine Haut sensibel: Sie wird dünnhäutig und löst sich an einigen Stellen ab. Sie hat genug vom Bestrahlungsmarathon und möchte einfach nur noch in Ruhe gelassen werden. Aber die angesetzten 28-mal müssen absolviert werden, da führt kein Weg daran vorbei. Am Morgen des letzten Bestrahlungstages stelle ich fest, dass ich an einer winzigen Stelle unter der Brust blute. Das aufgeklebte Pflaster macht alles nur noch schlimmer, denn die Haut ist jetzt stark gerötet und löst sich mehr und mehr ab. Die Strahlenärztin beruhigt mich und empfiehlt mir eine Wund- und Heilsalbe, aber in den nächsten Tagen wird es eher schlimmer als besser. Die Haut hat sich an verschiedenen Stellen gelöst und es brennt und schmerzt. Ich bin froh, dass ich mich zu Hause ungezwungen anziehen kann, denn sämtliche Kleidung reibt auf der Haut und ist einfach nur lästig. Zum Glück habe ich kurz vor Weihnachten noch einen Termin bei meiner Frauenärztin und ich hoffe sehr, dass sie mir helfen kann. Und tatsächlich hat sie einen guten Tipp für mich parat. Eine Apothekerin in der Stadt fertigt speziell für uns „Strahlenopfer" eine Salbe an. Die Ärztin ruft höchstpersönlich in der Apotheke an und ich kann zwei Stunden später die eigens für mich angefertigte Salbe abholen. Zu Hause sofort aufgetragen, spüre ich schon am nächsten Morgen eine Besserung.

Trotzdem rufe ich noch am gleichen Tag bei unserem Sohn in Essen an und sage unseren seit längerem geplanten Besuch zu Weihnachten ab. Mir ist nämlich nicht nach Reisen zumute und vor allem möchte ich zu Hause weiter meinen ungezwungenen, lockeren Kleidungsstil pflegen, der meiner Haut sichtlich guttut. Weihnachten feiern wir trotzdem gemeinsam, denn selbstverständlich besuchen uns die Kinder und unser Enkel zum Fest. Schließlich sind wir alle am 2. Feiertag komplett unterm Christbaum versammelt.

Währen das eine oder andere Familienmitglied an den Tagen danach mit den Folgen der „Weihnachtsvöllerei" zu tun hat, pflege ich ausgiebig meinen „Strahlenkater". Aber ganz langsam, fast unmerklich, fängt er an zu schnurren.

Dezember in Deutschland

Der Abreißkalender ist dünn geworden,
aber ein Termin folgt auf den anderen.
Besinnlichkeit ist angesagt,
doch eine Feier jagt die andere.
Weihnachtshektik.

Kaufen, kaufen als gäbe es kein Morgen.
Das Hamsterrad dreht sich auf Hochtouren.
Das Jahr geht zu Ende.
Folgt kein neues??
Der nächste Kalender liegt bereit.

Zwischen den Jahren

In guten wie in schlechten Tagen

Am Ende eines Jahres zieht man Bilanz: Wie war dieses Jahr 2018? War es eher ein gutes oder eher ein schlechtes? Was hat es gebracht?

Mir hat es eine ganze Menge gebracht: Eine Krankheit, die so überflüssig ist wie ein Kropf, Untersuchungen, Operation und Behandlungen, die kein Mensch haben will, schmerzvolle Erfahrungen, um die einen niemand, wirklich niemand beneidet.

Und doch: Ich habe auch Erfahrungen gemacht, die mich beglückt und bereichert haben und die ich nicht missen möchte. Es ist die Geborgenheit, die mir meine Familie schenkt. Es ist die tiefe Liebe meines Mannes, die er mich Tag für Tag spüren lässt. Es ist die Anteilnahme meiner Freunde, die mich getragen hat. Sie alle haben mich begleitet, mir zur Seite gestanden, mit mir gelitten, mich getröstet, jeder auf seine Weise, jeder nach seinen Möglichkeiten.

Mein Mann stand mir bei, im wahrsten Sinn des Wortes. Treu und zuverlässig hat er mich überallhin begleitet, hat meine Ängste, meine Zweifel und auch meine Launen ausgehalten. Er hat mich ermutigt und bestärkt, auch in diesen schweren Zeiten genau das zu tun, wonach mein

Herz verlangt. Also habe ich weiter gelesen, geschrieben und mich mit den Menschen getroffen, die ähnliche Interessen haben wie ich. Wir sind weiter zusammen verreist und haben unsere Freunde besucht und mit ihnen gefeiert. Er hat mich bei Buchlesungen begleitet und meine Schreibversuche immer wohlwollend unterstützt. Und ich bin mir sicher: Mein Mann wird auch weiterhin wie der Fels in der Brandung an meiner Seite stehen.

Eine Erkenntnis ist aber auch, dass ich die Krankheit nur selbst bekämpfen oder sie wenigstens in Schach halten kann. Sie verschwindet nicht einfach so wieder, sondern sie beansprucht auch weiterhin ihren Platz in meinem, in unserem Leben. Aber sie wird keinen Logenplatz bekommen, sondern irgendwo auf einem der billigen Plätze sitzen. Auf der Bühne werden nach wie vor die Menschen eine Hauptrolle spielen, die mir lieb und teuer sind: Meine Familie und meine Freunde. Und im kommenden Jahr wird die Hauptrolle von einem Menschen übernommen werden, der davon noch gar nichts weiß. Im Juli 2019 wird die Familie um einen weiteren Enkel wachsen. Besser kann ein Jahr nicht enden!

Deine Liebe

Deine Liebe umhüllt mich wie ein Mantel,
wärmt mich bis tief in die Seele hinein.
Deine Liebe fragt nicht, hegt keine Zweifel,
bedingungslos verschwendet sie sich – an mich.

Leidensgefährtinnen

Im Laufe der Zeit mache ich die Erfahrung, dass viele Frauen aus meinem Umfeld, die eine Einladung zum Mammographie-Screening haben, diesen Termin nicht mehr so unbeschwert wahrnehmen können. Vielmehr erzählen sie mir unisono, dass sie meine Brustkrebserkrankung arg verunsichert hat und sie mit gemischten Gefühlen das Screening über sich ergehen ließen. Vor allem die Zeit zwischen der Untersuchung und dem Erhalt des Befundes empfanden sie als belastend. Ich versuche sie zu beruhigen und erkläre: „Nach dem Gesetz der Wahrscheinlichkeit brauchst du dir keine Gedanken machen. Bin ich betroffen, bist du es nicht."

Dass diese „Küchenphilosophie" jeglicher wissenschaftlichen Grundlage entbehrt, blende ich einfach aus. Umso mehr freue ich mich, als sowohl meine Freundin als auch meine Nachbarin mir erleichtert über ihren negativen Befund berichteten.

Aber es kann auch anders gehen. Wie in jedem Jahr wollen wir mit guten Freunden den Silvesterabend verbringen. Schon in unserer Nordhäuser Zeit haben wir mit Kind und Kegel zusammen gefeiert. Auch später, als wir nicht mehr in einer Stadt wohnten, setzten wir diese Tradition fort. Mittlerweile sind wir drei Paare, die immer reihum den Jahreswechsel feiern. Deshalb ruft E., bei der wir in diesem Jahr eingeladen sind, auch schon lange vor der Zeit an, um sich zu erkundigen, wie es mir geht und wann ich zur Anschlussheilbehandlung (AHB) fahre. „Also, wenn du Silvester zur Kur sein solltest, dann feiern wir einfach im Januar oder Februar nach", schlägt sie vor. Aber ich kann sie beruhigen: „Da bin ich auf jeden Fall noch zu Hause, erst Anfang Januar beginnt meine AHB." Somit steht der gemeinsamen Silvesterfeier nichts mehr im Wege. Am Schluss unseres Gesprächs teilt mir E. noch mit: „Übrigens, ich muss demnächst auch zur Mammographie. Hoffentlich ist alles in Ordnung." Ich gebe meinen üblichen Spruch von der Wahrscheinlichkeit zum Besten, aber das lässt E. auch nicht entspannter werden.

Etwa 14 Tage später ruft E. erneut an: „Stell dir vor, auch bei mir wurde bei der Mammographie etwas gefunden. Ich muss demnächst nach Erfurt zur weiteren Abklärung des Befunds." Ich bin platt, frage aber doch: „Ist es die linke Brust?" Nein, bei ihr ist es die rechte.

Trotzdem habe ich das Gefühl, ein Déjà-vu zu erleben. Alles, was E. mir erzählt und noch erzählen wird, habe ich durch. Nun wird es für E. zur bitteren Realität: Auch sie hat ein bösartiges Karzinom, auch sie wird operiert und anschließend bestrahlt werden. Auch sie wird einen Untersuchungs- und Bestrahlungsmarathon hinter sich bringen müssen.

Januartag

Wintersonne über schneebedecktem Land,

der Himmel blau, ohne jeglichen Kratzer.

Gespurte Loipe quer über die Wiese.

noch unberührt und makellos.

Skiläufer ziehen ihre Bahnen,

gleiten gleichmäßig in der Spur.

Lautlos bewegen sich ihre Körper,

Arme pendeln auf und ab.

Ich steh am Fenster, sehe ihnen nach

lass' ruhig sie ihre Bahnen ziehen.

Umgeben von der Wärme meiner Stube,

genieß ich Bratapfelduft, spüre Winterglück

2019

AHB – eine „Außer-Haus-Behandlung"?

Das neue Jahr beginnt wie immer mit vielen guten Wünschen. Dabei steht der Wunsch nach Gesundheit ganz vorn, was an sich nichts Ungewöhnliches ist. Ich habe aber das Gefühl, dass der Stellenwert der Gesundheit in meinem Umfeld deutlich gestiegen ist. Die wie aus heiterem Himmel auf mich hereinbrechende Krebserkrankung wirkte für die einen nur verstörend. Anderen, in erster Linie natürlich den Frauen, wurde wohl deutlich, wie schnell auch sie von Krebs betroffen sein können. Noch dazu, wenn man erfährt, dass jährlich mehr als 70.000 Frauen in Deutschland die Mitteilung bekommen, dass sie Brustkrebs haben, jede achte Frau ist davon betroffen. Daher erlebe ich bei einem Teil der Frauen aus meinem Freundes- und Bekanntenkreis größere Nachdenklichkeit und erhalte viel Zuwendung. Freundinnen, ehemalige Kolleginnen, Nachbarinnen und Bekannte begegnen mir mitfühlend und solidarisch. Sie erkundigen sich nach mir, rufen regelmäßig an oder besuchen mich. Die einen schenken mir Blumen, andere Bücher oder auch Kosmetik, sie sind einfach an meiner Seite und kümmern sich um mich. Ich erfahre auch, dass die eine oder andere für mich betet.

Als ich Anfang Januar meine Anschlussheil-behandlung (AHB) in Bad Sooden-Allendorf antrete, begleitet mich ein kleiner Schutzengel, den mir eine Freundin kurz vor der Abreise noch vorbeigebracht hat. Ich bin von dieser Geste gerührt und gebe dem kleinen Engel einen Ehrenplatz in meinem Zimmer. Das liegt im fünften Stock der Kurklinik und bietet einen herrlichen Blick ins Werratal und auf die gegenüberliegenden Berge des Eichsfelds. Mein Mann, der mich ganz selbstverständlich in die Klinik gebracht hat, ist von meinem schönen Quartier sehr angetan und fährt beruhigt wieder nach Hause.

Sofort nach meiner Anreise werde ich von der Stationsärztin gründlich untersucht. Sie nimmt sich ausgesprochen viel Zeit für mich, so dass ich alle mich bewegenden Probleme ansprechen kann. Da die Ärztin von Haus aus Gynäkologin ist, führt sie auch dahingehend eine Untersuchung durch und ich fühle mich rundum betreut. Noch am gleichen Nachmittag erhalte ich meinen Behandlungsplan, so dass einem geordneten Kurablauf nichts mehr im Wege steht. Aber erst mal sind theoretische Unterweisungen angesagt. Das Thema Krebs wird in verschiedenen Vorträgen und von unterschiedlichen Ärzten ausführlich besprochen. Das meiste davon ist mir schon bekannt, aber es sind auch einige neue Details dabei. Sicherlich führt das dazu, dass die eigene Krankengeschichte wieder sehr präsent ist und auch schon längst bewältigte Situationen wieder lebhaft ins Gedächtnis gerufen werden. Diese Informationsflut verursacht mir regelrecht Kopfschmerzen, nimmt aber in den folgenden Tagen mehr und mehr ab und ich fühle mich zunehmend wohler. Noch dazu wo ich endlich wieder ins Wasser darf und somit dem täglichen Schwimmen nichts mehr im Wege steht. Auch an der Wassergymnastik nehme ich teil. Außerdem tragen Fango und Hydrojet zur Entspannung bei, Wechselbäder und Wassertreten nach Kneipp tun ihr übriges. Nur der Sport in der „Muckibude" bekommt mir gar nicht. Meine Knie schmerzen, so dass ich fortan erst mal auf das Training auf dem Stepper verzichte und mich auf Treppensteigen beschränke, treppauf versteht sich, treppab benutze ich den Aufzug. Da ich ständig im Haus unterwegs bin und im fünften Stock wohne, kommt schon einiges an Treppentraining zusammen. Gymnastik speziell für uns brustoperierte Frauen, Atemübungen und musikalische Meditation vervollständigen das umfangreiche Therapie-Programm. Selbstverständlich wird auch Nordic-

Walking angeboten, aber das Wetter spielt so gar nicht mit, so dass wir anfangs in der Sporthalle bleiben müssen. Überhaupt das Wetter: Während Teile Bayerns und vor allem Österreichs im Schnee versinken, ist es bei uns trüb und regnerisch und kein bisschen winterlich. Ich muss mich förmlich zwingen nach draußen zu gehen, möchte aber andererseits auch nicht auf die frische Luft verzichten, so dass ich notgedrungen immer mal wieder losziehe, die Kapuze festgezurrt oder auch mit Regenschirm bewaffnet.

Nach und nach lerne ich auch meine Mitpatienten besser kennen. Wie fast überall in solchen Kurkliniken sind es zu zwei Drittel Frauen. An dem mir zugewiesenen Platz im Speisesaal sitzen nur Brustoperierte, während bei den Frauen am Nachbartisch auch andere Organe betroffen sind. Wir finden schnell Kontakt zueinander, sind wir doch alle Betroffene. Meine Befürchtung, dass nur über die Krankheit gesprochen wird, bewahrheitet sich zum Glück nicht. Im Gegenteil: Ich lerne selbstbewusste Frauen kennen, die nicht rumjammern, sondern ihre ganze Kraft dafür einsetzen, diese tückische Krankheit zu bekämpfen und die dabei das Lachen nicht verlernt haben. Egal ob Sabine, Regina, Christa, Karin oder Annette, sie alle haben ihr Päckchen zu tragen und hadern trotzdem nur selten mit ihrem Schicksal. Vielmehr versuchen sie, das Beste aus der Situation zu machen und nutzen alle Angebote in der Klinik und auch außerhalb, um wieder gesund zu werden.

Als im Kur- und Kongresszentrum das Neujahrskonzert der Jungen Philharmonie Köln angekündigt wird, steht für uns fest: Da müssen wir hin. Und wir werden nicht enttäuscht. Wir erleben ein großartiges Konzert, das von den jungen Künstlern aus den verschiedensten Ländern mit ganz viel Spielfreude dargeboten wird und uns alle begeistert.

Wir gehen auch gemeinsam ins Kino und sehen den wunderbaren Film nach Hape Kerkelings Buch „Der Junge muss an die frische Luft". Die Regisseurin Caroline Link hat es auf unnachahmliche Weise verstanden, Komik und Tragik dieser Lebensgeschichte in Balance zu bringen. Berührt verlassen wir das Kino und sind auf dem Heimweg lustig und traurig zugleich. Als wir die Hälfte unserer „Kur" geschafft haben, feiern wir bei einem Glas Wein in der Cafeteria der Klinik Bergfest. Haben auch wir unsere Balance (wieder) gefunden?

Anschlussheilbehandlung Teil 2

Die körperlichen Aktivitäten nehmen im weiteren Verlauf des Klinikaufenthaltes zu. Das Programm ist gespickt mit Gymnastik für sämtliche Körperteile und wird ergänzt durch sportliches Training in einer Übungsgruppe. Außerdem nutze ich fast täglich das hauseigene Bad für freies Schwimmen. Nordic Walking findet nun auch wie üblich im Freien statt und bringt mich aber schnell an den Rand der Belastbarkeit. Da ich mit wesentlich jüngeren und wahrscheinlich auch fitteren Leuten in einer Gruppe bin, werden mir die Grenzen meiner Leistungsfähigkeit schmerzhaft deutlich. Knie - und Rückenprobleme stellen sich ein und auch mental bin ich angeschlagen. Als auch noch Schnee- und Eisglätte dazu kommen, streiche ich die Segel und lasse Nordic Walking von meinem Behandlungsplan streichen. Zudem versuche ich mit Einreibungen und Wärmflasche meine Beschwerden zu lindern. Besser wäre es gewesen, gleich meine Ärztin aufzusuchen, denn sie hätte mir wesentlich schneller helfen können. So laboriere ich mit nur mäßigem Erfolg an meinen Leiden herum und hoffe auf Besserung. Als mich mein Mann am Wochenende besucht, geht es mir auch gleich etwas besser, aber am nächsten

Tag quälen mich erneut Rückenschmerzen. Zum Glück kommen an diesem Tag überraschend zwei alte Schulfreundinnen zu einem Besuch in der Kurklinik vorbei, so dass ich zumindest wieder etwas abgelenkt bin.

Auch die Gruppengespräche mit einer Psychologin bringen neue Erkenntnisse. So entscheide ich mich in einer Gesprächsrunde, als wir eine Postkarte mit einem Motiv auswählen sollen, spontan für ein Bild, das eine Frau mit Schirm zeigt, die ein Kind an der Hand hält – ganz offensichtlich ein Mädchen. Warum habe ich genau dieses Bild gewählt?? Wird das zu erwartende Enkelkind vielleicht ein Mädchen? Will ich oder wer auch immer dieses Kind mit dem Schirm beschützen?

In den letzten Tagen des Klinikaufenthaltes sind umfangreiche Fragebögen auszufüllen, um den Erfolg der Behandlungen und die Klinik als solche zu beurteilen. Die entsprechenden Unterlagen findet jeder Patient rechtzeitig in seinem Postfach.

Bei der Abschlussuntersuchung am vorletzten Tag berichte ich meiner Stationsärztin von meinen Rückenproblemen und sie schreitet sofort zur Tat. Sie geht höchstpersönlich in die Terminplanung und verschafft mir quasi sofort eine Krankengymnastik in der Physiotherapie. Die Therapeutin ist sehr erfahren und gibt ihr Bestes, um mir Linderung zu verschaffen. Zum Schluss „tapt" sie noch meinen unteren Rücken und gibt mir die Empfehlung, einige Tage Schmerztabletten einzunehmen, um die Muskulatur nicht noch mehr zu verkrampfen.

Am letzten Abend treffe ich mich noch mal mit meinen Mitpatientinnen auf ein Glas Wein in der Cafeteria. Wir sind uns einig, dass der Klinikaufenthalt in Bad Sooden-Allendorf uns wieder ein Stückchen weiter gebracht hat auf dem langen Weg der Krebsbekämpfung.

Schatten

Mitte Februar treten mein Mann und ich eine schon länger geplante Kanaren- Kreuzfahrt an. Ein neu entwickeltes gasbetriebenes Schiff hat es meinem Mann angetan, er möchte unbedingt einmal darauf fahren. Obwohl wir die Kanarischen Inseln schon kennen, freuen wir uns auf den Urlaub, vor allem auf die zu erwartenden frühlingshaften Temperaturen. Dass auch Madeira auf unserer Reiseroute liegt, freut uns ganz besonders, denn diese Insel ist für uns noch eine unbekannte Schöne.

Als Abflugort haben wir ganz bewusst Düsseldorf gewählt, damit wir Sohn und Schwiegertochter in diesem Zusammenhang einen Besuch abstatten können. Unsere Schwiegertochter empfängt uns mit deutlich sichtbarem Babybäuchlein, sie ist bereits Anfang der zwanzigsten Schwangerschaftswoche. Voller Stolz zeigen uns die werdenden Eltern das bereits angeschaffte Kinderbettchen, auch die Wickelkommode ist schon besorgt und wird von unserem Sohn noch standesgemäß hergerichtet. Dazu kommen noch Kisten mit Babysachen, die Freunde vorbeigebracht haben und die alle für den neuen Erdenbürger bestimmt sind. Vorfreude pur!

Unser Sohn chauffiert uns am nächsten Tag zum Flughafen und wir treten beruhigt unsere Reise nach Gran Canaria an, wo wir in Las Palmas an Bord unseres Kreuzfahrtschiffes gehen. Madeira hält was es verspricht,

wir verbringen einen wunderbaren, sonnigen Tag auf der Blumeninsel und genießen auch das Leben an Bord des Schiffes.

Für den nächsten Tag ist bei unserer Schwiegertochter eine Ultraschalluntersuchung bei ihrem betreuenden Frauenarzt angesetzt und wir sind in Gedanken dabei. Sicher werden wir im Laufe des Abends oder spätestens am nächsten Morgen eine Nachricht aus Deutschland bekommen, wie die Untersuchung verlaufen ist und welches Ergebnis sie gebracht hat. Aber das Smartphone bleibt stumm: Keine WhatsApp, kein Anruf, keine SMS. Tief beunruhigt fragen wir uns: Was hat der Ultraschall ergeben??

Mittlerweile sind wir in Santa Cruz auf Teneriffa angekommen, aber weder das schöne Wetter noch die Insel-Sehenswürdigkeiten interessieren uns. Endlich erreichen wir telefonisch unseren Sohn. Er teilt uns mit, dass irgendetwas mit dem Baby nicht stimmt und dass daher am Freitag in einer großen Praxis für Pränataldiagnostik in Düsseldorf noch einmal ein Ultraschall gemacht werden soll, um dann endlich Klarheit zu haben. Mein Mann und auch ich versuchen zumindest im Gespräch mit unserem Sohn etwas Optimismus zu verbreiten, sind aber beide zutiefst verunsichert. Die drei Tage bis zum Freitag ziehen sich endlos hin und wir ziehen uns immer mehr zurück. Uns ist der Spaß am Bordleben vergangen, mir auch der Appetit. Trotz des sehr guten Angebots an allen möglichen Speisen muss ich mir das Essen förmlich reinzwingen.

Unsere Landgänge auf den verschiedenen Kanarischen Inseln absolvieren wir nur notgedrungen, sind aber in Gedanken immer in Deutschland bei unseren Kindern. Am Freitagabend liegt das Schiff im Hafen von Aricife auf Lanzarote. Mein Mann geht an Deck, um mit unserem Sohn zu telefonieren, denn dort ist der beste Handyempfang. Ich warte voller Unruhe in der Kabine und bin ganz krank vor Angst. Als mein Mann zurückkommt, weiß ich sofort, dass er eine schlimme Nachricht bringt. Niemals vorher habe ich ihn so fassungslos, so verzweifelt erlebt. Er weint hemmungslos und sagt nur einen Satz: „Das Kind hat einen offenen Rücken."

Namenlose Angst

Alles gut bei dir?

Keine Antwort.

Alles gut bei dir?

Keine Reaktion.

Alles gut bei dir??

Nein, nichts ist gut.

Gar nichts.

Schlechte Nachrichten.

Schreien, weinen, Schmerz.

Unsagbarer Schmerz.

Hilflosigkeit.

Angst nistet sich ein,

tief in Kopf, Herz und Magen.

Wunde Seele, schutzlos und bang.

Hoffnung?

Keine Antwort. Noch nicht.

Ausnahmezustand

Irgendwie geht auch die längste Nacht vorüber, es ist die letzte Nacht auf unserer Schiffsreise. An Schlaf ist nicht zu denken, obwohl kaum Schiffsbewegungen zu verspüren sind. Unruhig wälze ich mich in meinem Bett. Fragen über Fragen schwirren durch meinen Kopf. Alle möglichen schrecklichen Szenarien laufen vor meinem geistigen Auge ab. Wird das Kind überhaupt lebend zur Welt kommen? Wenn ja, wird es dann zwangsläufig schwer behindert sein? Gibt es irgendeine Möglichkeit, etwas für das Ungeborene zu tun? Unaufhörlich kreisen die Gedanken.

Der Arzt, der im Ultraschall den Defekt am Rücken festgestellt hat, ist um einen Ratschlag nicht verlegen: „Lassen Sie eine Spätabtreibung machen und dann konzentrieren Sie sich auf die nächste Schwangerschaft," ist seine Empfehlung an die geschockten Eltern. „Und Googlen Sie nicht, das bringt Sie auch nicht weiter." So abgefertigt verlassen Sohn und Schwiegertochter am späten Freitagnachmittag die Arztpraxis. Und verlassen fühlen sie sich, verlassen von Gott und der Welt. Das Telefonat mit unserem Sohn unmittelbar danach bringt ihre ganze Verzweiflung zum Ausdruck…

Gleichzeitig fühlen sich die beiden schon ganz stark als zukünftige Eltern. Unsere Schwiegertochter spürt die ersten Kindsbewegungen, unser Sohn spricht von „der Kleinen", denn es ist jetzt ziemlich sicher, dass es ein Mädchen wird. Und nun? Was soll werden??

Als wir am Samstag das Kreuzfahrtschiff verlassen, würden wir am liebsten schnurstracks zum Flughafen fahren um nach Hause fliegen, denn uns ist nicht nach Sonne und Strand zumute. Aber da wir noch eine Woche Aufenthalt auf Gran Canaria gebucht haben, bringt uns der Bus nach Maspalomas ins Hotel. Auf dem Weg dorthin erreicht uns erneut ein Anruf unseres Sohnes: Vielleicht gibt es Hoffnung! Denn natürlich haben die beiden im Internet recherchiert und in Erfahrung gebracht, dass an der Universitätsklinik Mannheim ein Professor das Ungeborene im Mutterleib operiert und so den offenen Rücken verschließt. Eine Operation im Mutterleib? Ist so etwas überhaupt möglich? Und, ist dann alles gut?

Nein, alles ist nicht gut, aber die Chancen, dass das Kind später einmal ein weitgehend selbstbestimmtes Leben führen kann, erhöhen sich durch eine so frühzeitige Operation. Sohn und

Schwiegertochter setzen alle Hebel in Bewegung und erhalten tatsächlich innerhalb weniger Tage einen Termin bei Professor K. in Mannheim, der dort im Deutschen Zentrum für Fetalchirugie Babys im Mutterleib minimalinvasiv operiert.

Während wir immer noch auf Gran Canaria sind, also ganz weit weg vom Ort des Geschehens, sind wir in Gedanken immer bei unseren Kindern. Wir warten ununterbrochen auf neue Informationen und hoffen inständig, dass Professor K. unserer ungeborenen Enkelin helfen kann. Zumindest stellt er fest, dass die Vorrausetzungen für eine Operation sowohl bei der Mutter als auch beim Kind gegeben sind: Das Kind im Mutterleib strampelt, bewegt seine Beine, ist also mobil. Dass es ein Mädchen ist, erhöht die Erfolgsaussichten, denn Mädchen sind bekanntermaßen etwas härter im Überlebenskampf. Der Arzt gibt den zukünftigen Eltern Bedenkzeit, denn die Entscheidung, ob tatsächlich operiert wird, liegt ganz allein bei ihnen. Er stellt auch den Kontakt zu einer Selbsthilfegruppe betroffener Eltern her, um möglichst authentisch und vor allem aus der Sicht genau dieser Eltern über die Problematik zu informieren.

Als unsere Kinder aus Mannheim abreisen, ist ihre Entscheidung gefallen: Am 5. April wird das Baby im Mutterleib operiert werden.

Bei unserer Rückkehr aus Gran Canaria empfangen uns die zukünftigen Eltern sehr gefasst. Sie haben sich nicht nur entschieden, sondern sie kämpfen auch ganz entschieden für ihr Kind.

Dass unsere Schwiegertochter vorerst weiter zur Schule geht und unterrichtet, ist in dieser Situation nicht gerade selbstverständlich, aber ganz typisch für sie, denn sie ist mit Leib und Seele Lehrerin. Sie möchte ihre 4.Klasse gern zum Abschluss der Grundschule führen. Als ihre Schüler sie dann eine Woche vor dem geplanten OP-Termin aus der Schule verabschieden, rollen auf beiden Seiten Tränen. Die vielen guten Wünsche von den Schülern und deren Eltern füllen zwei Körbe.

Mandelblüte

Winzige Blüten in Weiß und rosa,

Sträucher geschmückt wie eine Braut.

Zarter Duft umgibt mich mit Süße,

milde Sonne wärmt meine Haut.

Vergessen ist das kalte, ferne Land,

vergessen all die Seelenqual.

Frühling reicht mir seine Hand,

die Dunkelheit schwindet, Tag für Tag.

Die Gefühle fahren Achterbahn

Für mich und meinen Mann vergeht die Zeit im Schneckentempo, wir zählen die Tage und ziehen uns förmlich zurück in unser Schneckenhaus.

Ich bin ständig am Grübeln, Ängste und Zweifel quälen mich und ich kann nur sehr schwer abschalten und auch kaum schlafen. Als meine Verzweiflung droht, die Überhand zu gewinnen, wird mir beinah schlagartig klar: Ich brauche Hilfe, professionelle Hilfe!

Und die finde ich zum Glück ziemlich schnell bei der Psychologin, deren Visitenkarte ich vorsichtshalber im Krankenhaus eingepackt hatte. Kurzfristig erhalte ich einen Termin zu einem ausführlichen Gespräch. Endlich ist jemand für mich da, dem ich all meine Probleme anvertrauen, dem ich einfach alles erzählen kann. Frau W. hört zu, lässt mich ausreden, unterbricht selten und gibt keine vorgefertigten Antworten. So geht es in erster Linie nicht nur um meine Krebserkrankung, sondern vor allem auch um die Sorgen um unsere ungeborene Enkelin.

Natürlich kann auch Frau W. nicht zaubern und alle Probleme einfach wegwischen. Aber sie macht mir bewusst, dass meine Möglichkeiten mich in das Geschehen einzubringen in dieser Phase sehr begrenzt sind und ich mich im Moment tatsächlich auf das Abwarten beschränken muss. Trotzdem stärkt sie auch meine Zuversicht und bietet mir an, auch weiterhin für Gespräche zur Verfügung zu stehen. Dieses Angebot empfinde ich als Rettungsanker, den ich nach Bedarf immer mal wieder auswerfen kann. Angesagt ist aber erst einmal abwarten, geduldig abwarten und sich nicht verrückt machen. Tee trinken soll dabei ja auch hilfreich sein…

Aber dann ist endlich der 5. April, ein Freitag, da. In einer über sechs Stunden andauernden Operation wird der offene Rücken des Babys im Mutterleib mit einem sogenannten Patch verschlossen. Alles geht gut, obwohl die laut Operationsprotokoll 382 Minuten dauernde Narkose für unsere Schwiegertochter eine ungeheure Belastung darstellt, vom Baby ganz zu schweigen.

Am darauffolgenden Wochenende besucht unser jüngerer Sohn mit Familie die Frischoperierte in Mannheim und wir erhalten Fotos, die optimistisch stimmen: Mutter und Kind haben die Operation gut überstanden.

Der zukünftige Vater ist die ganze Zeit in Mannheim anwesend und betreut seine Frau so gut es geht. Bereits eine Woche später fahren die „drei" mit dem Auto zurück nach Essen, ganz vorsichtig natürlich, denn jetzt gilt nur eins: Die Schwangerschaft so lange wie nur möglich dauern zu lassen, damit das Kind geschützt im Mutterleib weiterwachsen kann. Und wieder zähle ich die Tage, Wochen, Monate…

Hochfliegende Pläne

Meine Krebserkrankung rückt von einem auf den anderen Tag ganz weit in den Hintergrund. Die Sorge um das Ungeborene ist in den Vordergrund getreten, beherrscht mein Fühlen und Denken, lässt mich Tag und Nacht nicht mehr los.

Aber mich beansprucht und bewegt auch ein anderes Vorhaben, das schon ganz lange in mir gereift ist: Ich möchte ein Buch veröffentlichen! Mein Buch, das über Menschen und ihre Entwicklung in Wendezeiten erzählt, dass ein Jahrzehnt zwischen 1989 und 1999 beleuchtet. Von dem Moment an, als mir bewusstwurde, dass ich Krebs haben könnte, war auch der Gedanke sofort da: Vielleicht bleibt mir nun keine Zeit mehr, meine Träume zu leben…

Als sich der Verdacht bestätigte und an der Diagnose „Brustkrebs" nicht mehr zu rütteln war, hat mich das nicht etwa gelähmt, nein, es hat mich eher beflügelt. Von dem Moment an stand für mich fest: Ich werde mein schon lange in der Schublade liegendes Buch veröffentlichen! Wann, wenn nicht jetzt?

Schon seit längerer Zeit hatte ich an dem Manuskript gearbeitet und den größten Teil auch schon mit dem Computer geschrieben. Aber mir fehlte nicht nur das nötige Know-how, um ein Buch herauszugeben, sondern auch der letzte entscheidende Impuls, es tatsächlich zu tun. Diesen Wink des Schicksals hatte ich nun bekommen.

Als ich in der Wochenendbeilage unserer Tageszeitung auf ein Buch mit den Erinnerungen einer Ärztin stieß, wurde ich auf den Omnino-Verlag in Berlin aufmerksam. Ich recherchierte im Internet und nahm per E-Mail-Kontakt zu genau diesem Verlag auf. Schon ein paar Tage später rief mich dessen Leiter an und bekundete sein Interesse an meinem Manuskript.

Gleichzeitig begann ich damit, auch die Menschen in meinem unmittelbaren Umfeld in das Buchprojekt einzubeziehen. So bekamen mein Mann, meine beiden Söhne und auch die Schwiegertöchter erstmalig das „Schreibwerk" zu lesen und sehr schnell erhielt ich von allen ein entsprechendes „Feedback". Dabei gab es durchaus kritische Hinweise, besonders mein jüngerer Sohn entpuppte sich als wahrer „Lektor". Er machte mich nicht nur auf Rechtschreibfehler aufmerksam, sondern auch auf inhaltliche Ungereimtheiten und nicht zuletzt brachte er das Manuskript in die entsprechende, fast druckreife Form.

Während der gesamten Krebsbehandlung war ich also gleichzeitig immer damit beschäftigt, weiter an meinem Buch zu schreiben und es endlich fertig zu stellen.

Als es um die Umschlaggestaltung ging, absolvierte ich gerade die Anschlussheilbehandlung in Bad Sooden-Allendorf und wurde eigentlich ganz und gar von anderen Dingen in Anspruch genommen. Aber hier konnte ich mich besonders auf den älteren meiner beiden Söhne verlassen, der sich in das Buch-Projekt einbrachte und gleich mehrere Entwürfe für den Umschlag gestaltete. In Konferenzschaltungen mit der ganzen Familie fiel dann die Entscheidung für das endgültige Cover des Buches.

Auch von Seiten des Verlages wurde die Arbeit nun vorangetrieben und der Erscheinungstermin für das Frühjahr 2019 festgelegt. Mitte März halte ich tatsächlich mein Buch „Zeugnisse" in den Händen. Geschafft!

Der Leitspruch des Buchs, ein Zitat des Philosophen Sokrates, lautet:

„Bedenke, dass die menschlichen Verhältnisse insgesamt unbeständig sind, dann wirst du im Glück nicht zu fröhlich und im Unglück nicht zu traurig sein."

Als ich diesen Spruch als Leitmotiv meines Buches auswählte, ahnte ich nicht, wie sehr er sich für mich bewahrheiten, wie sehr ich ihn vor allem zu beherzigen hatte. Glück und Unglück als die zwei Seiten ein und derselben Medaille…

Reise in die neue Welt

Anfang Mai treten wir unseren Flug nach Amerika an, den wir schon kurz nach Weihnachten gebucht hatten. Eigentlich war eine Reise nach Amerika, speziell in die USA, nie ein Thema für uns gewesen. Eigentlich…

Aber meine Krebserkrankung führte uns wieder einmal deutlich vor Augen, wie begrenzt das Leben ist, wie schnell sich ohne Vorwarnung alles von jetzt auf gleich verändern kann. Also: Wann, wenn nicht jetzt reisen? Außerdem waren wir beeindruckt von den Reiseberichten unserer Kinder und Freunde und entschlossen uns daher, doch eine Reise in den Westen der USA anzutreten.

Zwischenzeitlich plagen uns Zweifel, ob es wirklich eine gute Idee ist, gerade zu diesem Zeitpunkt, wo bald jeden Tag mit der Geburt unserer Enkelin zu rechnen ist, uns auf die weite Reise über den großen Teich zu begeben. Aber gerade unsere Kinder bestärken uns in unserem Vorhaben: „Macht Eure Reise, schaut euch um in Amerika, Ihr werdet es nicht bereuen. Hier zu Hause könnt Ihr auch nichts weiter tun, als abzuwarten."

Also starten wir von München aus und fliegen nach einem Zwischenstopp in Dublin nach Los Angeles.

Der „Grandiose Westen", so lautet das Motto der Reise präsentiert sich von seiner schönsten Seite. So lernen wir nicht nur lebhafte, pulsierende Städte wie Los Angeles, San Francisco oder Las Vegas kennen, sondern auch beeindruckende Landschaften und Naturphänomene in den verschiedenen Nationalparks. Unvergesslich der Besuch des Yosemite-Nationalparks, des Grand Canyon, des Zion- und des Joshua-Tree-Parks. Nahezu sprachlos macht uns der Bryce Canyon mit seinen bunten Felsformationen, so dass wir ihn kurzerhand zu unserem „Lieblingscanyon" erklären.

Unsere Reiseleiterin Bettina erweist sich als absoluter Profi und trägt erheblich dazu bei, dass unsere Reise zu einem wirklichen Erlebnis wird. In einem Gespräch mit ihr wird mir auch bewusst, wie gut das Gesundheitswesen in Deutschland aufgestellt ist. Sie, die sowohl die deutsche als auch die amerikanische Staatsbürgerschaft besitzt, erklärt mir nämlich klipp und klar: „Sollte ich einmal ernsthaft krank werden, zum Beispiel Krebs bekommen, gehe ich zurück nach Deutschland, denn nur dort werde ich optimal behandelt." Da ist er wieder, der Krebs, aber er streift mich nur am Rande.

Am Tag unserer geplanten Rückreise nach Deutschland, wir befinden uns gerade am Pazifikstrand in Santa Monica unweit von Los Angeles, erreicht uns die Nachricht, dass unsere Schwiegertochter mit Blutungen ins Krankenhaus eingeliefert worden ist. Die Ärzte im Uniklinikum in Düsseldorf setzen alles daran, die Schwangerschaft zu halten, sie noch weiter fortdauern zu lassen. Sie verordnen absolute Bettruhe und bringen die aufgetretenen Blutungen zum Stoppen.

Voller Ungewissheit, gleichzeitig aber auch froh darüber, dass es wieder nach Hause geht, treten wir am Abend den Heimflug an. Uns bewegt nur eine Frage: Wie lange kann unsere Kleine noch im Mutterleib wachsen? Die bereits erreichte 32 Schwangerschaftswoche ist schon ein erheblicher Fortschritt, aber jeder einzelne Tag zählt…

Willkommen und Abschied

Nach genau 34 Wochen und vier Tagen Schwangerschaft wird am 4. Juni 2019 um 10.24 Uhr unsere Enkelin per Kaiserschnitt in der Universitätsklinik Düsseldorf geboren. Sie wiegt 2.100 Gramm und ist 43 Zentimeter groß.

Als uns die Nachricht erreicht, kann ich die Tränen nicht zurückhalten, Tränen der Freude, Tränen der Erleichterung, Tränen des Glücks.

Drei Tage später können wir unsere Enkelin das erste Mal sehen. Aufgeregt und wieder den Tränen nahe, besuchen wir sie auf der Kinder-Intensivstation der Düsseldorfer Uniklinik. Hier gehört unsere „Kleine" zu den „Großen", denn auf dieser Station werden auch Kinder betreut, die bei der Geburt gerade mal 500 Gramm wiegen. Daher wird sie schon zwei Tage später auf die normale Frühchen-Station verlegt, ihre Mama immer im Schlepptau. Denn selbstverständlich bleibt unsere Schwiegertochter mit in der Klinik, um das Baby so gut wie möglich zu versorgen, nicht nur mit Muttermilch, sondern mit ganz viel Liebe. Auch unser Sohn verbringt so viel Zeit wie möglich mit seiner kleinen Tochter. Von Anfang an ist er in die Pflege des Babys eingebunden, er versorgt die Kleine mit und hat keinerlei Berührungsängste.

Vielmehr genießt er das Kuscheln mit ihr und gibt ihr so die Wärme und Nähe, die sie als Frühchen ganz besonders braucht.

Lange acht Wochen bringen Mutter und Kind in der Klinik zu, denn es dauert seine Zeit, bis die Wunde auf dem Rücken endgültig zugeheilt ist und das Baby auch entsprechend an Gewicht zugelegt hat.

Ende Juli darf unsere kleine Maus erstmalig auf Wochenendurlaub nach Hause und wir Großeltern haben das Glück dabei zu sein. So erleben wir Babyglück pur und fahren unsere Enkelin auch zum ersten Mal mit dem Kinderwagen spazieren.

Wie so oft im Leben liegen Willkommen und Abschied eng beieinander. Der Volksmund formuliert es gern ein bisschen lapidarer: Der eine kommt, der andere geht. Aber genauso ist es auch in diesem Sommer 2019.

Anfang Juni dürfen wir unsere Enkelin auf dieser Welt willkommen heißen.

Anfang August müssen wir uns von meinem ältesten Bruder für immer verabschieden. Lange hatte er gegen den Krebs gekämpft, sich weitere Lebenszeit nahezu ertrotzt. Aber nun hat die tückische Krankheit die Oberhand gewonnen. Für mich als kleine Schwester, uns trennen fast 14

Jahre, war mein großer Bruder immer ein Mensch, zu dem ich aufgeschaut habe. Sein Beispiel hat mir stets ohne große Worte deutlich gemacht, was es bedeutet, seine Eltern zu achten, sie zu ehren, ihnen Respekt entgegen zu bringen. Auch das Füreinander da sein hat er mir vorgelebt. Deshalb hat es mich besonders berührt, dass er auch in unserem letzten Gespräch kurz vor seinem Tod noch alle Familienmitglieder im Blick hatte und sich auch nach dem jüngsten Familienzuwachs, unserer Enkeltochter, erkundigte.

Etwa zur gleichen Zeit werden Mutter und Kind dann endgültig aus der Klinik entlassen, mit einem umfangreichen Nachsorgeprogramm in der Tasche. Jede Woche stehen Untersuchungen bei den verschiedensten Ärzten auf dem Programm. Außerdem bekommt unsere Enkelin zweimal in der Woche Physiotherapie, um ihre Beweglichkeit zu trainieren. Hier hat sie das Glück, dass sich in der Praxis in Essen sehr erfahrene Therapeuten um sie kümmern. Die Eltern und auch wir Großeltern werden sehr aufgeschlossen begrüßt und aktiv in die Behandlung einbezogen.

So zieht nach und nach der normale Alltag in der kleinen Familie ein und wir Großeltern versuchen, so oft es geht, diesen Alltag mit zu erleben und mit zu gestalten. Unser kleiner Schatz wirkt wie ein Magnet, so dass wir gern die weite Fahrt aus Thüringen auf uns nehmen, um bei ihr zu sein und sie aufwachsen zu sehen. Sie lächelt, brabbelt und greift nach Gegenständen wie jedes andere Kind. Sie trinkt gut und wächst so Stück für Stück.

Unsere Enkelin ist eine wahre Kämpfernatur, sie hat auf ihrem Weg ins Leben schon viele Hürden genommen und sie nimmt sie auch weiter. Wenn sie lacht, geht mir das Herz auf und ich bin einfach nur froh.

Auf der Danksagungskarte, die von den Eltern an all die Verwandten, Freunde und Bekannten verschickt wird, die zur Geburt der Kleinen gratuliert haben, ist zu lesen: „Wir sind unendlich glücklich, sie bei uns zu haben."

Diesem Satz ist nichts hinzuzufügen.

Ein Jahr ist vergangen

Mitte August 2019 jährt sich der Tag meiner Krebsdiagnose. Ich rekapituliere in Gedanken die Ereignisse von vor einem Jahr, die noch immer sehr präsent sind. Am 29. August wird erstmalig nach der Brustoperation und der Strahlenbehandlung eine Mammographie-Untersuchung durchgeführt. Dazu fahre ich wieder mit meinem Mann ins Brustzentrum nach Bad Langensalza, das mir auf Grund der vierteljährlichen Nachsorgetermine schon sehr vertraut ist. Als die Schwester mich bittet, gleich in der Umkleidekabine auf das Ergebnis der Mammographie zu warten, komme ich mir vor, wie ein Verurteilter kurz vor der Hinrichtung, so wie ich dort in dem fensterlosen Kabuff auf einem Stuhl hocke und auf den Befund warte.

Aber schon nach kurzer Zeit kommt eine junge Ärztin und teilt mir mit: „Alles in Ordnung Frau Weber!" Ein Stein rollt von meiner Seele und ich spüre nur eins: Erleichterung!

Zwar erinnert mich die regelmäßige Einnahme der Anti-Hormon-Tabletten tagtäglich an meinen hoffentlich überstandenen Krebs, die gesamte Nachsorge macht aber auch deutlich, dass ich keinen Schlussstrich ziehen kann. Noch nicht…

Die auch weiterhin in mehr oder weniger großem Abstand stattfindenden Gespräche mit der Psychologin tun mir gut und helfen dabei, mein seelisches Gleichgewicht zu stabilisieren. Ich bin sehr froh darüber, dass ich diese Hilfe in Anspruch nehmen kann.

~ Für meine Enkelin

Dein Lächeln

Wenn du lächelst,
geht mir das Herz auf.
Das Glück dieser Welt
liegt in deinem Gesicht.

Wenn du lächelst,
geht mir das Herz auf.
Die Sonne scheint heller
für einen Moment.

Wenn du lächelst,
geht mir das Herz auf.
Tief in mir drinnen
die Zuversicht wächst.

Wenn du lächelst,
geht mir das Herz auf.
Alles wird gut,
ruft dein Lächeln mir zu.

Alltag

Der Herbst des Jahres 2019 verläuft in scheinbar geordneten Bahnen. Anfang September starten wir wie so oft in den vergangenen Jahren eine Reise ans Schwarze Meer. Dort werden wir schon von unseren Freuden erwartet, die sich freuen, dass wir unsere alten Gewohnheiten wieder aufnehmen können. Gemeinsam verbringen wir eine unbeschwerte Zeit und genießen wie immer die Beschaulichkeit der Nachsaison.

Unser Flug startet wie fast immer in Düsseldorf, damit wir An- und Abreise mit einem Besuch bei unseren Kindern und vor allem bei unserer Enkelin verbinden können.

Die Entwicklung unserer Kleinen verfolgen wir, wenn auch aus der Ferne mit großer Aufmerksamkeit, jeden noch so kleinen Fortschritt registrieren wir voller Freude. Die regelmäßige physiotherapeutische Betreuung erweist sich als wahrer Segen, denn sie trägt entscheidend dazu bei, ihre Beweglichkeit zu forcieren. Ihre Feinmotorik ist gut entwickelt, an der Grobmotorik wird permanent gearbeitet, so dass es auch hier vorwärts geht. Außerdem ist unser Enkelkind ein richtiges Plappermäulchen, ständig ist sie am Brabbeln und passt somit sehr gut in unsere erzählfreudige Familie. Tief berührt sind wir Großeltern auch immer wieder vom allabendlichen Einschlafritual. Unser Sohn schnappt sich die Gitarre und alle gemeinsam singen das Lied „*Der Löwe schläft heut Nacht*" der Band „Keimzeit". Unsere kleine Maus hört aufmerksam zu, als würde sie jedes Wort verstehen und geht dann ganz entspannt in ihr Bettchen.

Glück pur!

Nichtsdestotrotz ist regelmäßige ärztliche Kontrolle angesagt. Das bedeutet auch für die Eltern ein straffes Programm von Terminen, die geplant und absolviert werden müssen und die natürlich nicht nur in Essen erfolgen, sondern verteilt über das ganze Ruhrgebiet. Der Neurochirurg, der das Kind von Anfang an betreut und der über sehr viel Erfahrung im Umgang verfügt, geht davon aus, dass auf jeden Fall noch ein Eingriff am Gehirn erfolgen muss. Er soll dazu dienen, die Zirkulation der Hirnflüssigkeit zwischen den einzelnen Hirnkammern zu verbessern, um so ihre Entwicklung positiv zu beeinflussen. Als möglichen Termin ist Ende Januar geplant.

Aber jetzt steht erstmal Weihnachten vor der Tür. Wir Großeltern wollen unbedingt das erste Weihnachtsfest für unsere Kleine auch mit ihr zusammen verbringen. Leider ereilt mich eine tüchtige Erkältung und ich mache mir Sorgen, dass ich das Baby anstecken könnte. Das bringt mich auf die Idee, in der Apotheke Mundschutz zu besorgen, um so wenigstens ein bisschen die Ansteckungsgefahr zu mindern. Als die Apothekerin mir eine Packung mit 50 Masken über den Tresen reicht, bin ich etwas erstaunt. Was soll ich mit so vielen Masken?? Aber die Apothekerin meint: „Nehmen Sie ruhig diese große Packung, es ist kein deutlicher preislicher Unterschied zu einer kleineren Abpackung!" So komme ich also zu Mundschutz, ohne im Geringsten zu ahnen, welches wertvolle Gut ich erworben habe und welche Rolle dieses Utensil in wenigen Wochen spielen wird.

Im Umgang mit der Kleinen erfüllt der Mundschutz seinen Zweck, sie wird nicht angesteckt und wir erleben ein relativ entspanntes Weihnachten.

2020

Was bringt das neue Jahr?

Wie immer verbringen wir auch Silvester in vertrauter Runde mit Freunden. Wir feiern gemütlich in das neue Jahr hinein und stellen uns auch wie immer die Frage: Was wird es uns bringen, das neue Jahr??

Der Januar geht ins Land und je näher das Monatsende und damit der Operationstermin für unsere Kleine naht, umso mehr ist es bei mir mit der Ruhe und der Entspannung vorbei. Viel mehr befällt mich große Unruhe, ja Angst, die zu Schlaflosigkeit und ununterbrochenem Grübeln führt. Auch meinem Mann gelingt es nicht, den Kreislauf der trüben Gedanken zu durchbrechen, so dass ich wieder einmal Hilfe bei meiner Psychologin suche.

In einem längeren Gespräch macht sie mir klar, dass es zutiefst menschlich ist, Angst zu haben. Gleichzeitig macht sie mir auch bewusst, dass es Strategien gibt, mit der Angst umzugehen und sich nicht von ihr beherrschen zu lassen. Sie gibt mir auch ganz konkret ein Übungsprogramm in die Hand, mit dem ich aktiv gegen die Angstattacken vorgehen kann.

Dass in diesen Tagen auch die Angst vor einem neuen, noch unerforschten Virus in die Welt tritt, registrieren wir nur am Rande. China ist schließlich ganz weit weg!

Viel mehr sind wir unendlich erleichtert, dass die Operation bei unserer nun acht Monate alten Enkelin ohne Komplikationen verläuft. Unser tapferes kleines Mädchen steckt sowohl mehrmalige Untersuchungen in der Röhre als auch die eigentliche OP gut weg und kann nach ein paar Tagen aus der Klinik entlassen werden.

Als ich am letzten Januartag meinen 69. Geburtstag feiere, sind die guten Nachrichten von unserem kleinen Schatz das schönste Geschenk!

Gedicht ohne Titel

Schneeschwere Wolken über dem Gebirge,
die Aussicht verhangen ohne jede Kontur.
Bleierne Stiefel an den Füßen,
das Echo der Angst in meinem Kopf.

Ein brodelnder Wasserfall trüber Gedanken
rauscht durch das Hirn und bricht sich Bahn.
Rastloses Grübeln, andauerndes Bangen,
ausgeliefert der wirbelnden Flut.

Ich such den Weg aus dem Seelendunkel,
finde Begleiter auf steinigem Pfad.
In der Ferne der Zeit ist Licht zu erahnen,
Hoffnung stirbt nicht, sie wächst Stück für Stück.

Corona hält die Welt in Atem

Als wir Ende Februar zu einem Besuch nach Essen starten, können wir nicht im geringsten ahnen, dass dies für lange, lange Zeit der letzte persönliche Kontakt zu unseren Kindern und vor allem zu unserem Enkelkind sein wird.

Wir sind mit der Kleinen im Kinderwagen unterwegs, besuchen gemeinsam mit der Familie eine Gaststätte, schlecken Eis in der Eisdiele, kurzum wir machen ganz alltägliche Sachen, die aber ein paar Tage später nahezu exotisch anmuten. Selbst als ich am 6. März einen Kontrolltermin im Brustzentrum habe, ist im Krankenhaus nichts von besonderen Hygienevorschriften zu spüren. Noch nicht…

Meine Untersuchung im Rahmen der Studie, an der ich teilnehme, verläuft ohne, dass es irgendwelche Auffälligkeiten gibt. Auch beim Ultraschall, mit dem die Brust untersucht wird, ist alles in Ordnung, die Mammographie ist erst bei der nächsten Untersuchung Ende August fällig. Allerdings quälen mich schon einige Zeit Schmerzen in der linken Schulter, die aber nicht im Zusammenhang mit meiner Krebsoperation stehen, sondern wohl eher ein orthopädisches Problem darstellen. Ich kenne mich mit Schulterschmerzen gut aus, da ich bereits an der rechten Schulter vor einigen Jahren operiert worden bin. In Punkto Brustkrebs habe ich hoffentlich nun wieder für ein halbes Jahr Ruhe!

Ruhe gibt es allerdings in ungeahnten Dimensionen: Innerhalb weniger Tage wird in Deutschland und nicht nur dort das gesamte soziale Leben auf null heruntergefahren. Das Wort „Lockdown" ist das Wort, das die Welt bestimmt. Das noch relativ unbekannte Coronavirus wütet mit brachialer Gewalt, es macht vor nichts und niemanden halt, es zieht von China über Europa nach Amerika und steckt innerhalb kürzester Zeit Hunderttausende von Menschen an, viele davon sterben. Bilder aus Italien, die Lastwagen der Armee zeigen, die eine große Anzahl von Särgen mit Corona-Toten wegtransportieren, lösen gerade bei uns in Deutschland eine Welle von Angst aus und führen auch ohne Ausgangssperre dazu, dass die Leute zu Hause bleiben und ihre Kontakte auf ein Minimum beschränken.

Da ist sie also wieder: Die Angst! Die Angst, sich mit dem Coronavirus anzustecken, bestimmt nun die Gedanken, die Gefühle, einfach alles. Es gibt kein gewohntes Leben mehr, von jetzt auf gleich ist es alles anders und wird vor allem auf lange Zeit auch anders bleiben.

Corona-Alltag

Die Mehrzahl der Menschen steht mit einem Schlag vor völlig neuen Herausforderungen und muss quasi über Nacht das Leben neu organisieren: Kinder gehen nicht mehr zur Schule, auch die Kindertagesstätten sind geschlossen, so dass die Eltern gezwungen sind, die Betreuung des Nachwuchses selbst zu übernehmen. Gleichzeitig sollen aber viele ihre Berufstätigkeit im sogenannten „Home- Office" absolvieren. Auch unser Sohn in München arbeitet nun von zu Hause aus und kümmert sich gleichzeitig um die Beschulung unseres Enkels. Krankenhäuser und Altenheime verhängen Besuchsverbote, da gerade sie sich zu Hot Spots der Infektion entwickeln.

Für uns Ruheständler gibt es eigentlich die wenigsten Einschränkungen, da wir an das Daheimbleiben schon gewöhnt sind. Trotzdem reduzieren auch wir unsere persönlichen Kontakte auf ein Minimum. Dafür machen wir nahezu täglich ausgedehnte Sparziergänge durch Wald und Flur, bei denen wir kaum einem Menschen begegnen. Mein Mann erledigt den wöchentlichen Einkauf im Supermarkt grundsätzlich allein, Schutzmaske und Desinfektionsspray gehören dabei zu seiner Grundausstattung. Die sonst zweimal wöchentlichen Nordic-Walking-Touren mit unserer „Stockbrigade" fallen ebenfalls Corona zum Opfer, denn in Gruppen darf kein Sport mehr getrieben werden, noch dazu wo wir altersmäßig alle in die sogenannte „Risikogruppe" gehören. Zur Risikogruppe gehören natürlich auch alle Menschen mit Vorerkrankungen, ob mit Bluthochdruck, Diabetes, Fettstoffwechsel-störungen, Atemwegserkrankungen oder Krebs. Da bin ich auf jeden Fall ganz vorn mit dabei!

Aber auch unsere kleine Enkelin gehört als Kind mit den verschiedensten Besonderheiten zur Risikogruppe. Jung und Alt sitzen also doch in einem Boot, auch wenn das nicht alle so sehen.

Zum Glück wird nach einer kurzen Unterbrechung die Physiotherapie für unsere Kleine wieder aufgenommen, was sich weiterhin sehr förderlich auf ihre Entwicklung auswirkt. Wir können diese Entwicklung zwar nur virtuell verfolgen, sind aber immer bestens informiert. Kleine Videos, Whats-App-Nachrichten oder Video-Anrufe unterbrechen den Corona-Alltag und lassen uns doch irgendwie beim Großwerden unsere Enkelin dabei sein, wenn auch die Sehnsucht nach unmittelbarem Kontakt groß ist. Wie gern würden wir sie knuddeln und mit ihr spielen!

So gehört das Osterfest 2020 schon zu den außergewöhnlichen. Statt mit der ganzen Familie gemeinsam Ostereier zu suchen und gemütlich an der Kaffeetafel zu sitzen, verbringt jede „Minifamilie" voneinander getrennt ihr Osterfest zu Hause. Das Osterpäckchen für Kinder und Enkel enthält nicht nur Ostereier, sondern als „besondere Überraschung" eine Rolle Klopapier und ein paar Schutzmasken! Diese Artikel haben sich in diesen Corona-Zeiten zu absoluten Rennern entwickelt und sind vorerst Mangelware. Hamsterkäufe verschärfen die Situation zusätzlich. Als der Ostermontag dann endlich vorüber ist, bin ich heilfroh.

Wie es weiter geht, wann wir uns wiedersehen werden, ist ungewiss, es steht sozusagen in den Sternen. Aber dass es weitergehen wird, diese Zuversicht bleibt.

Der Mensch lebt nicht vom Brot allein

Anfang Mai wollten wir eigentlich den 70. Geburtstag meines Mannes im großen Rahmen feiern. Dazu waren über 40 Gäste schon vor dem Corona-Ausbruch eingeladen worden. Als es so weit ist, sind alle Gäste wieder ausgeladen, selbst unsere Kinder senden Geburtstagswünsche nur aus der Ferne. Trotzdem hat mein Mann einen schönen Tag, da es sich Freunde und Nachbarn nicht nehmen lassen zu gratulieren. Das Wetter spielt an diesem Tag mit, daher findet der kleine Geburtstagsempfang am Gartenzaun beziehungsweise draußen auf unserer Terrasse statt. Als auch noch die Geschwister meines Mannes vorbeischauen und gratulieren, ist die Freude groß und der Geburtstag auch ohne große Feier gelungen. Wir vermeiden es auch, davon zu sprechen, die Feier irgendwann nachzuholen, denn wir sind uns ziemlich sicher, dass uns Corona noch eine ganze Weile begleiten wird und somit auch die Kontaktbeschränkungen. Auch Anfang Juni hat sich noch nicht viel daran geändert, obwohl die Infektionszahlen sinken. Die geplante Taufe unserer Enkelin zu Pfingsten fällt somit auch Corona zum Opfer und wird auf unbestimmte Zeit verschoben. Zum Glück schauen unsere Münchener bei uns in

Thüringen vorbei und unser großer Enkel bleibt sogar ein paar Tage da. Wir sind sehr froh, ihn wieder einmal bei uns zu haben und genießen eine beinah unbeschwerte gemeinsame Zeit.

Irgendwann im Juni halten wir es dann einfach nicht mehr aus: Wir setzen uns ins Auto und besuchen unsere Kinder in Essen, vor allem wollen wir natürlich endlich unsere Enkelin wiedersehen. Wir vermeiden allerdings Kontakte zu Fremden und bleiben nur in Familie. Auch hier erleben wir glückliche Tage und tanken Kraft für die kommende Zeit. Außerdem beginnen wir langsam auch wieder Urlauspläne zu schmieden, obwohl uns klar ist, dass es Urlaub so wie in den letzten Jahren nicht mehr geben wird.

Die Ostsee schmeckt nach Me(h)r

Anfang Juli machen wir uns tatsächlich auf den Weg an die Ostsee. Nach einem Zwischenaufenthalt bei unseren Freunden in Templin, erreichen wir den kleinen Ferienort Born auf dem Darß, direkt am Bodden gelegen und deshalb nicht so überlaufen. Hier haben wir über das Internet eine Ferienwohnung gemietet und freuen uns, nach langer Zeit mal wieder Ostseefeeling zu schnuppern. Unser Quartier, das sich ganz in der Nähe des Hafens befindet, bietet dazu genug Gelegenheit. Leider ist uns der Wettergott nicht so freundlich gesonnen, es regnet häufig und die Temperaturen gehen in den Keller. Unsere Wirtin dagegen meint es gut mit uns, sie stellt für uns die Heizung an. Trotz des miesen Wetters nutzen wir jede Regenpause zum Spazierengehen. Wir erkunden auch die nähere und weitere Umgebung und erinnern uns dabei an unseren Aufenthalt auf dem Darß vor bald 50 Jahren. Als frischverliebtes junges Paar machten wir in einem sogenannten „Klappfix" Urlaub auf dem Campingplatz, bei schönstem Badewetter natürlich, wenn uns die Erinnerung nicht trügt.

In diesem Corona-Sommer ist die Ostseeküste für viele Menschen das Reiseziel. In Ermangelung von

Reisemöglichkeiten ins Ausland, entdecken viele Deutsche aus Ost und West die Ostsee wieder oder sie erleben sie zum ersten Mal. Die Gaststätten und Cafés sind gut besucht, man sitzt überwiegend im Freien, frische Luft und Abstand gibt es genug.

Scheinbar um uns zu versöhnen, scheint an den letzten drei Urlaubstagen die Sonne und wir genießen das Strandleben am Darßer Weststrand. Auch hier ist Abstand halten kein Problem, es gibt Platz genug für alle an diesem herrlichen Naturstrand. Am Abreisetag schüttet es wieder wie aus Kannen, so dass bei uns kein Abschiedsschmerz aufkommt.

Auch das Coronavirus scheint Urlaub zu machen, die Infektionszahlen gehen deutlich zurück, die größte Gefahr scheint gebannt.

.

Darßer Weststrand

Füße versinken im puderzuckerfeinen Sand.
Haare zerzaust vom stetigen Wind.
Der Blick schweift über die unermüdlichen Wellen,
die Sonne wärmt Haut, Herz und Hirn.

Der Kopf ist frei, die Seele lächelt,
der Atem reicht weit bis zum Horizont.
Sommerglück, wenn auch nicht auf Dauer,
Treibgut türmt sich, der Abend kommt.

Déjà-vu?

Ende August habe ich einen planmäßigen Termin zur Krebsnachsorge. Meinen Mann nehme ich diesmal nicht mit, da ich befürchte, dass er wegen der Corona- Schutzmaßnahmen gar nicht mit ins Krankenhaus darf. Das stellt sich zwar später als Irrtum heraus, aber erst mal mache ich mich allein auf den Weg ins Brustzentrum. Nach einem Jahr ist auch wieder eine Mammographie fällig, die mir normalerweise keine Probleme bereitet. Allerdings quälen mich schon seit Monaten starke Schmerzen in der linken Schulter und im Oberarm, die sich auch durch Medikamente und Physiotherapie nicht wesentlich bessern. Auch eine Blutegelbehandlung als Alternative bringt nicht den gewünschten Erfolg. Bei der Mammographie-Untersuchung fällt es mir daher sehr schwer, den Anordnungen der Krankenschwester zu folgen, denn mein Arm ist ziemlich bewegungseingeschränkt. Trotzdem bringe ich die Untersuchung irgendwie hinter mich. Die Schwester ist verständnisvoll und bemüht sich sehr, die Prozedur erträglich zu gestalten und trotzdem aussagekräftige Aufnahmen von meiner Brust zu erhalten.

Aber mich beschleicht ein ungutes Gefühl. Das Warten auf den Befund zieht sich scheinbar endlos hin und als die Schwester mir den Umschlag wortlos übergibt, wird meine Unruhe immer größer. Die steigt noch weiter, da ich sehr lange auf das Auswertungsgespräch mit einem Arzt warten muss.

Die Ärztin, die mich dann aufruft und den Befund entgegennimmt, studiert ihn ausführlich, ohne auch nur ein Wort zu sagen. Als ich mich zu fragen traue, was denn los sei, reagiert sie ungehalten. Sie versucht, telefonisch ihren Kollegen in der Radiologie zu erreichen, bemüht sich aber vergeblich. Dann macht sie schweigend einen Ultraschall. „Wann wurde denn das letzte Mal ein MRT von Ihrer Brust gemacht?" will die Ärztin endlich wissen. „Vor zwei Jahren, unmittelbar vor meiner Brust-OP," antworte ich ohne zu zögern. „Gut, dann machen wir jetzt wieder ein MRT. Lassen sie sich von Schwester Charlene einen Termin geben." Ohne weitere Erklärungen bin ich entlassen. Als mich die Schwester fragt, was sie auf die Überweisung zum MRT schreiben soll, kann ich ihr keine Antwort geben. Mir kommen sowieso die Tränen und ich bin völlig aufgelöst. Habe ich wieder Krebs?

Schwester Charlene versucht mich zu trösten: „Warten Sie doch erst mal ab, Frau Weber, es muss nicht zwangsläufig etwas Schlimmes sein." Zum

Glück gelingt es ihr, relativ zeitnah einen MRT-Termin für mich auszumachen.

Ein paar Tage später bin ich also wieder in den Katakomben des Krankenhauses unterwegs. Da ich das Prozedere der MRT-Untersuchung bereits kenne, lässt es sich etwas leichter ertragen, noch dazu wo ich an diesem Morgen die erste Patientin bin und alles recht zügig abläuft. Trotzdem ist die Untersuchung mit Kontrastmittel und in der Bauchlage mehr als unangenehm.

Anschließend bin ich noch bei Doktor C., meinem Operateur, der erneut einen Ultraschall macht und mir versichert, dass in meiner Brust alles in Ordnung sei. Gott sei Dank!

Ungewissheit

Als nach einer Woche völlig unerwartet das Krankenhaus anruft und mich zur MRT-Befund-Besprechung einbestellt, falle ich aus allen Wolken. Ist also doch nicht alles in Ordnung?? Was haben die Ärzte in meiner Brust entdeckt?

Zweifel und Ängste quälen mich, auch mein Mann leidet unter der Ungewissheit. Eigentlich möchten wir uns verkriechen, aber wir zwingen uns, den Alltag zu leben und nicht nur zu grübeln. Deshalb besuchen wir auch das neu eröffnete Freibad in Mühlhausen und schwimmen einige Bahnen. Denn der September 2020 verwöhnt uns mit herrlichem Spätsommerwetter, das förmlich zum Baden einlädt. Mir kommt es vor, als wiederhole sich der September 2018, der sich auch pausenlos mit schönem Wetter präsentierte, aber auch pausenlos Arztbesuche und Untersuchungen sowie eine Operation für mich bereithielt. Sollte der Krebs wieder in meiner Brust wachsen? Würde wieder eine OP anstehen?

Als ich gemeinsam mit meinem Mann zur Befundbesprechung im Brustzentrum erscheine, brauchen wir nicht lange zu warten. Frau Doktor Z., eine junge Ärztin, die ich bereits von meiner OP her kenne, ist auf dieses Gespräch gut vorbereitet und kommt schnell zum Kern der Sache: „Im MRT hat sich gezeigt, dass in der sogenannten Wundhöhle in ihrer operierten Brust etwas ist, was wir nicht genau erklären können. Schauen Sie selbst!" Sie deutet auf das Computerbild, wo ein kleiner weißer Kreis die Stelle in meiner Brust markiert, um die es geht. „Wir schlagen Ihnen deshalb vor, eine Biopsie zu machen. Aber keine gewöhnliche, sondern eine Biopsie im Zusammenhang mit einer MRT-Aufnahme. Dadurch ist eine punktgenaue Gewebeprobe möglich." Frau Doktor Z. strahlt mich an, als hätte ich im Lotto gewonnen. „Und wie läuft das Ganze ab?" möchte ich wissen. „Machen Sie sich keine Gedanken über die technischen Abläufe, die Kollegen in der Radiologie sind sehr erfahren und führen diese Untersuchung nicht das erste Mal durch. Außerdem kennen Sie doch sowohl MRT als auch Biopsie, die beiden Untersuchungen werden quasi kombiniert und bringen so ein sehr genaues Ergebnis."

Kann ich den Vorschlag der Ärztin ablehnen? Habe ich eine andere Wahl? Ich glaube eher nicht. Die Überweisung ist schon geschrieben, für Dienstagmorgen um halb acht ist der Termin bereits ausgemacht. „In 10 Tagen haben wir das

Ergebnis der feingeweblichen Untersuchung vorliegen. Dann treffen wir uns hier wieder und wissen endgültig Bescheid." Frau Doktor Z. ist sichtlich zufrieden, dass unser Gespräch so harmonisch verlaufen ist. Ich spüre genau, dass sie schon Erfahrungen hat bei der Überbringung unangenehmer Nachrichten.

Am Dienstagmorgen bin ich die erste Patientin, bei der an diesem Tag die Biopsie unter dem MRT durchgeführt wird. Arzt, Krankenschwester und Pfleger arbeiten Hand in Hand, die Untersuchung verläuft problemlos, ist für mich aber trotzdem sehr belastend. Vor allem macht mir die unangenehme Bauchlage wieder zu schaffen. Das entscheidende aber ist, dass der Arzt zu ordentlichen Gewebeproben kommt, meine Befindlichkeiten spielen da eher eine untergeordnete Rolle. So bin ich heilfroh, als ich nach etwa einer Stunde aus dem Behandlungsraum komme und von meinem Mann empfangen werde. Ihm kann ich auch haarklein alles erzählen und mir so den Frust von der Seele reden.

Glückliche Wendung

Zehn lange Tage des Wartens liegen nun also vor mir, vor uns. Ich habe viel Zeit zum Sinnieren. In meinem Kopf spielt sich das eine oder andere Szenario ab, darüber reden will ich nicht. Was bleibt, ist das Prinzip Hoffnung. Wie immer scheint die Zeit bis zu meinem Auswertungstermin, an einem Freitag, nicht zu vergehen. Am Dienstag bin ich zu Besorgungen in der Stadt unterwegs und beschließe spontan, bei meiner Frauenärztin vorbeizuschauen, da meine Hormontabletten zu Ende gehen. Im Gespräch mit der Sprechstundenhilfe habe ich den Eindruck, sie weiß um meine Probleme. Obwohl ich keinen Termin habe, empfängt mich auch die Ärztin. Als ich ihr erklären will, worum es geht, unterbricht sie mich: „Frau Weber, ich habe bereits den Befund Ihrer Gewebeprobe hier vorliegen. Es ist kein malignes Gewebe, also kein bösartiges Gewebe, vorhanden. Alles in Ordnung."
Ich bin völlig platt. Ist das wirklich wahr? Ich kann es einfach nicht glauben. Aber meine Ärztin dreht mir den Bildschirm des Computers zu und sagt lächelnd: „Hier, schauen Sie selbst. Da steht ihr Name und da der Befund und zum Schluss die Unterschrift der Ärztin aus dem Labor."

Überglücklich verlasse ich die Praxis, ich könnte die ganze Welt umarmen!

Den Termin im Brustzentrum sage ich ab, die freudige Botschaft könnte ich zwar gern ein zweites Mal hören, aber deshalb extra hinzufahren, erspare ich mir. In einem halben Jahr muss ich sowieso wieder zur Nachsorge dort erscheinen. Aber ich werde es nie mehr unbeschwert und ohne Angst tun.

Corona

Niemand konnte uns bremsen,
niemand konnte uns stoppen.
Niemand hatte ein Einsehen.

Weiter, höher, schneller,
das war die Divise.
Grenzenloses Wachstum im Turbogang.

Doch du drosselst das Tempo.
Du zwingst uns zum Innehalten.
Du veränderst die Welt.

Bist du gekommen, um zu bleiben?
Oder verschwindest du wieder,
wenn wir uns besinnen?

Nein, du machst dich breit,
weltweit und überall.
Wir müssen lernen, mit dir zu leben.

Nachwort

Dezember 2020

Als ich im August 2018 begann, über meine Brustkrebserkrankung Aufzeichnungen zu machen, diente das in erster Linie dazu, mir Sorgen und Ängste von der Seele zu schreiben. Es hat mir geholfen, besser mit der Krankheit umzugehen, sie auch als einen Teil von mir anzunehmen. Mein Schreiben erfüllte sozusagen einen therapeutischen Zweck. Durch den Kontakt zu vielen krebskranken Frauen sowohl im Krankenhaus als auch bei der Anschlussheilbehandlung wurde mein Blick auf die Krankheit geschärft. Mir wurde klar, dass jede betroffene Frau auf ihre eigene Weise mit der Diagnose „Krebs" umgeht. Auch bei den dann folgenden Behandlungen, ob Operation, Chemotherapie oder Bestrahlung, entwickelt jede von Ihnen, genau wie ich, Strategien zur Bewältigung der Krankheit. Die eine offen und kämpferisch, die andere zurückgezogen und still.

Deshalb wollte ich auch keinen Ratgeber schreiben, sondern einfach darüber berichten, wie es mir mit „meinem" Krebs ergangen ist.

Dass sich meine Geschichte im Laufe der Zeit noch in eine ganz andere Richtung entwickeln würde, konnte ich nicht ahnen. Die Geschehnisse rund um die Geburt unserer Enkelin und ihre weitere Entwicklung wären auf jeden Fall ein eigenes Buch wert.

Die Corona-Pandemie, die im Frühjahr 2020 mit Macht in unser Leben tritt, stellt eine weitere, völlig neue Herausforderung dar und konfrontiert uns mit existenziellen Problemen unseres Seins. Vor allem als wir begreifen müssen, dass nur der Verzicht auf zwischenmenschliche Kontakte – selbst mit unseren engen Angehörigen – dazu führen kann, die Ansteckungsgefahr zu mindern. Noch dazu, wo das Virus unerforscht ist, es kaum ein Medikament dagegen gibt und erst recht keinen Impfstoff. Aber der Mensch ist nicht nur leidensfähig, er ist auch lernfähig. Die verordneten Maßnahmen werden von den meisten befolgt, so dass die Infektionszahlen im Sommer stark zurückgehen und es so scheint, dass Deutschland die Pandemie im Griff hat.

Aber im Oktober steigt die Zahl der Infizierten exponentiell an, so dass ab Anfang November ein zweiter Lockdown, der sogenannte „Wellenbrecher-Lockdown" in Kraft tritt. Wird die Zahl der Corona-Infizierten wieder sinken? Werden die Krankenhäuser alle schwer Erkrankten aufnehmen und auf den Intensivstationen fachgerecht betreuen können? Darauf gibt es keine endgültigen Antworten, vielmehr herrschen Ungewissheit und Sorge.

Zumindest erreicht uns im November die vielversprechende Nachricht, dass mehrere Pharmafirmen einen produktionsreifen Impfstoff gegen Covid-19 entwickelt haben. Eventuell soll er bereits Anfang des nächsten Jahres zur Verfügung stehen. Ein Hoffnungsschimmer am Horizont!

März 2021

Geimpft wird gegen die tückische Krankheit dann bereits ab Ende Dezember, zuerst die über 80-Jährigen, die Bewohner von Alten- und Pflegeheimen sowie das medizinische Personal. In mir wächst langsam aber sicher die Hoffnung, dass ich vielleicht auch im Laufe des Jahres 2021 geimpft werde. Und tatsächlich: Trotz aller Widrigkeiten, die es bei der Impfstoffbeschaffung gibt, erhalte ich am 21. März meine erste Impfung!

Zum Leben zwischen A wie Angst und Z wie Zuversicht gibt es einfach keine Alternative.

Danksagung

Es gibt einige Menschen, denen ich zu Dank verpflichtet bin. Allen voran meinem Mann, der immer geduldig und zuverlässig an meiner Seite ist und den Weg vom Manuskript zum Buch geebnet hat.

Meinen Söhnen Matthias und Marian sowie den beiden Steffis gilt ebenfalls großer Dank. Sie haben meine Schreibprojekte wohlwollend begleitet und mich praktisch unterstützt: Als kritische Testleser, als Rechtschreibprüfer und als Titelgestalter. Das gilt auch für Anette, die beim Überarbeiten des Textes geholfen hat.

Herzlichen Dank sage ich auch den Mitgliedern des Mühlhäuser Autorenkreises, insbesondere Yvonne.

Nicht zuletzt möchte ich mich auch bei allen Ärzten und Schwestern bedanken, die mich verständnisvoll und kompetent auf meinem Weg begleitet haben und auch weiterhin begleiten.

Über die Autorin:

Elisabeth Weber wurde 1951 in Heyerode/Südeichsfeld geboren. Sie studierte am Institut für Lehrerbildung in Nordhausen und erwarb 1971 den Abschluss als Grundschullehrerin. Vierzig Jahre lang arbeitete sie an verschiedenen Thüringer Grundschulen, ehe sie 2011 in den Ruhestand wechselte. Seitdem widmet sie sich dem Schreiben und nahm erfolgreich an verschiedenen literarischen Wettbewerben teil.

Sie ist Mitglied im Mühlhäuser Autorenkreis und pflegt regelmäßigen Kontakt zu einer Gruppe schreibender Senioren in Leipzig. Im Rahmen dieser Arbeit veröffentlichte sie Geschichten und Gedichte in verschiedenen Anthologien.

Anfang 2019 erschien ihr erstes Buch „Zeugnisse", das als autobiographische Erzählung die spannende Zeit zwischen 1989 und 2000 in den Mittelpunkt stellt.

Elisabeth Weber ist verheiratet und hat zwei Söhne und zwei Enkel. Sie lebt in der Nähe von Mühlhausen/Thüringen.

Bisher erschienen:

ZEUGNISSE – Autobiographische Erzählung
ISBN 978-3-95894-112-0, März 2019 OMNINO